챗GPT로
미국 대학
에세이쓰기

챗GPT로 미국 대학 에세이쓰기

초판 1쇄 발행 2023년 7월 5일

지은이 양진영
펴낸이 장길수
펴낸곳 지식과감성#
출판등록 제2012-000081호

교정 김지원
디자인 서혜인
편집 서혜인
검수 이주연, 정윤솔
마케팅 정연우

주소 서울시 금천구 벚꽃로298 대륭포스트타워6차 1212호
전화 070-4651-3730~4
팩스 070-4325-7006
이메일 ksbookup@naver.com
홈페이지 www.knsbookup.com

ISBN 979-11-392-1185-6(03740)
값 15,000원

- 이 책의 판권은 지은이에게 있습니다.
- 이 책 내용의 전부 또는 일부를 재사용하려면 반드시 지은이의 서면 동의를 받아야 합니다.
- 잘못된 책은 구입하신 곳에서 바꾸어 드립니다.

지식과감성#
홈페이지 바로 가기

양진영 지음

챗GPT로 미국 대학 에세이쓰기

지식감정

책을 펴내며

　2023년의 화두 중 하나는 인공지능(AI)과 챗GPT일 것이다. 2000년에 바람을 일으켰던 인터넷 열풍을 보는 듯하다. 수십 년 후에 도래할 것으로 예측된 인공지능과 로봇의 시대가 불과 몇 년 앞으로 다가온 느낌이다. 이런 열풍의 선두에 '대화형 인공지능', 챗GPT가 있다. 말 그대로 챗(Chat)은 채팅, GPT(Generative Pre-trained Transformer)는 초거대 인공지능 생성형 언어 모델이라는 뜻이다. 기계가 인간의 자연어를 이해하고 인간처럼 처리하는 대화형 인공지능이다. 질문에 따라 대답을 달리하고, 원할 때까지 친절하게 새로운 대답을 내놓는다. 빌 게이츠는 챗GPT의 개발을 인터넷의 발명에 비견할 사건이라고 하더니, 내친김에 마이크로소프트(MS)는 검색엔진 빙(Bing)을 공개했다.

　챗GPT는 사람처럼 이야기하며, 정보를 찾아 주고, 보고서도 써

주며, 프로그래밍도 한다. 경영학석사(MBA)며 의사 변호사 자격시험에까지 합격한다고 한다. 인간보다 훨씬 뛰어난 듯 보이고, 실제 여러 평가에서도 평균적 인간의 실력을 훌쩍 넘어선 듯하다. 소설에 시, 그림까지 다루며 인간만의 영역이라는 창작까지 수행한다. 지식 제공과 글쓰기는 물론, 그림 그리기, 작곡, 동영상 제작, 심지어 컴퓨터 프로그램을 코딩하는 작업까지 거의 모든 영역에 걸쳐 광범위한 수준급 재능을 제공하는데, 이 기능은 검색엔진에서는 전혀 불가능했다. 그러다 보니 챗GPT와 공저를 내놓은 뇌과학자도 있고, 챗GPT를 이용해 과제를 제출하라는 교수도 있다. 포브스는 2035년에는 전체 글의 90% 이상이 AI와의 협업으로 작성될 것이라고 예측했는데, AI를 이용한 글쓰기는 이제 당연한 흐름으로 보인다.

챗GPT는 다양한 주제의 질문에 대해 실시간으로 피드백을 제공하기 때문에 어학 교육 현장에서는 기존의 교육 방식과 챗GPT를 활용한 새로운 교육 방식의 접목이 활발하다. 언어 구사 능력이 중요한 미국 대학의 에세이, 자기소개서(SOP), 추천서를 작성할 때도 챗GPT는 매우 유용한 툴로 기능한다. 챗GPT에게 대학의 에세이나 추천서 주제(topic)를 입력하면 작성법에 대해 친절하게 안내해 준다. 챗GPT의 답변이 부족하면 세부 단어를 입력해 다시 문의하면 더 구체적인 대답도 가능하고, 작성한 자기소개서에 대한 피드백도 제공한다. 챗GPT는 질문이 구체적일수록 그에 가까운 답을 내놓기 때문에 질문할 때는 에세이 작성에 필요한 요구 사항을 가능한 한 명확하게 제시해야 한다. 그러면 오랫동안 혼자서 고민하면서 쓰는 에세이보다 훨씬 효과적인 결과물을 얻을 수도 있다.

필자는 2년 전부터 미국 대학 에세이 안내서를 출간하려 준비해 왔는데, 챗GPT를 활용한 글쓰기를 연습해 보는 동안에 미국 대학에 제출되는 에세이, SOP, MBA essay, 추천서 등에도 곧 챗GPT가 부분적으로 활용될 것으로 보았다. 이런 판단에 따라 1부에서 챗GPT가 들려주는 미국 대학 에세이 작성 요령을 추가했다. 1부를 제외한 나머지 내용들은 필자가 대학에서 학생들의 글쓰기와 과제를 지도하는 동안에 느꼈던 문제에 기반해 작성된 것들로 챗GPT와 무관함을 밝힌다.

   필자의 강의와 학술적 저술 활동은 서강대 국문학과의 박사과정이 토대이다. 미숙한 필자를 끝까지 지도해 박사학위를 받도록 도와주신 우찬제 교수님께 항상 감사하는 마음이다. 함께 공부하고 토론한 오은정, 임보람, 박인성, 정세인, 염수민, 윤준민, 허도경, 이아람, 손주리, 임예슬 학우들에게도 많은 배움을 얻었다. 이 책이 세상에 나오는 데는 양인숙, 허경예, 은지, 선지 등 가족들의 노고가 컸다.

목차

PART 1
챗GPT의 미국 대학 에세이·추천서 작성법

1. 대학원 SOP, MBA 에세이에 대한 챗GPT의 답변······················14
   (1) Statement of Purpose ···14
   (2) Purpose for graduate study ··15
   (3) Leadership ··16
   (4) Change, impact or improvement on organization ············17
   (5) Personal achievement ···18
   (6) Creatively yourself ···19
   (7) Family background ··20
   (8) Cultural diversity/personal history ······························21
   (9) Background, contribution, unique quality ······················22
   (10) Ethical dilemma ··23
   (11) Passion ··24
   (12) Optional essay··25

2. 학부 에세이에 대한 챗GPT의 답변 ····································26
   (13) Intended major ···26
   (14) Quality or accomplishment ······································27

(15) Family's experience ·· 28
(16) Contribute ·· 29
(17) Extracurricular activity ·· 30
(18) Issue of importance ··· 31

3. 추천서에 대한 챗GPT의 답변 ·· 32

(19) Applicant's role ·· 32
(20) Candidate's performance ··· 32
(21) Constructive feedback ·· 33
(22) Applicant's performance, potential ··· 34
(23) Impact on a person, group ··· 34
(24) Applicant interacts ·· 35
(25) Characteristics would you change ·· 36
(26) Interacting in a team ··· 37
(27) Not meet expectations and setback ·· 37
(28) How long known him/her ·· 38

PART 2
한국 학생 에세이 특강

1. 나의 이야기를 쓰자 ··· 40
2. 구체적이면 진실돼 보인다 ··· 42
3. 스케일을 키우자 ·· 44
4. 두괄식으로 작성하자 ··· 45
5. 형식미를 갖추자 ·· 47
6. 에세이의 50%는 goal이 좌우한다 ··· 48
7. leadership이 30%를 결정한다 ··· 49
8. accomplishment는 내가 이룩한 것으로 ··· 51
9. unique quality는 나만의 것으로 ·· 52
10. 지원 사유는 구체적으로 ··· 54

11. Background는 흥미로운 소재로···55
12. Describe yourself는 자신의 이야기다·································56
13. Outside of work는 공익성이 중요하다·······························58
14. Option은 불합격을 합격으로 만든다···································59

PART 3
학부 에세이, 대학원 SOP 작성법

1. 미국 대학이 에세이·SOP에서 요구하는 5대 요소·····················62
2. 한국 학생 에세이에서 주의할 점들···65
   (1) 도입부(introduction) ···67
   (2) 학력·경력(background and strength) ·································69
   (3) 전공 선택 이유(why this major) ··70
   (4) 연구 분야(area of study or research interest)와
       학교 지원 사유(why your school and your program) ············71
   (5) 졸업 후 계획(short and long term goal) ·····························74
   (6) 가족 환경(family background)··75
   (7) 편입이나 재입학하는 경우(reapply letter, appeal letter)·······77

PART 4
미국 대학 에세이·추천서 샘플

1. 경영학 지원자의 자기소개서(SOP)···78
2. MBA Cross-cultural experience 에세이ㆍ······························83
3. MBA Failure 에세이 ···87
4. 학부 자기소개서(autobiographical essay)······························90

5. 학부 전공(major) 에세이 ·· 93
6. 학부 활동(activity) 에세이 ·· 95
7. 경영학(MBA) 지원자의 교수 추천서 ··· 98
8. 경영학(MBA) 지원자의 직장 상사 추천서 ································· 102
9. 경영학(MBA) 지원자의 직장 상사 추천서(항목별) ···················· 108
10. 간호학 지원자의 직장 상사 추천서 ··· 117
11. 건축학 지원자의 직장 상사 추천서 ··· 121
12. 건축디자인 지원자의 교수 추천서 ··· 125
13. 생물학 지원자의 교수 추천서 ···································· 129
14. 기계공학 지원자의 직장 상사 추천서 ··· 133
15. 무대디자인 지원자의 교수 추천서 ··· 136
16. 미술 지원자의 동료(peer) 추천서 ··· 140
17. 법학(LLM) 지원자의 교수 추천서 ··· 143
18. 체육학 지원자의 교수 추천서 ···································· 146
19. 그래픽디자인 지원자의 교수 추천서 ··· 149
20. 심리학 지원자의 교수 추천서 ···································· 153
21. 공학 지원자의 연구실 상사 추천서 ··· 156
22. 영화학 지원자의 교수 추천서 ···································· 160
23. 음악 지원자의 교수 추천서 ··································· 163
24. 인테리어디자인 지원자의 직장 상사 추천서 ································· 166
25. 신문방송학 지원자의 교수 추천서 ··· 169
26. 경영학 지원자의 동료(peer) 추천서 ··· 172
27. 커뮤니케이션 지원자의 방송국 직장 상사 추천서 ······················· 175
28. 컴퓨터공학 지원자의 교수 추천서 ··· 179
29. 패션디자인 지원자의 직장 상사 추천서 ··· 183
30. 고등학교 지원자의 부모 진술서(parental statement) ············ 187
31. 고등학교 지원자의 담임 교사 추천서 ··· 189
32. 고등학교 지원자의 영어 교사 추천서 ··· 194
33. 고등학교 지원자의 봉사 활동에 대한 추천서 ······························· 197
34. 고등학교 지원자의 종교 활동에 대한 추천서 ······························· 200

PART 1
챗GPT의 미국 대학 에세이·추천서 작성법

챗GPT는 글쓰기 튜터와 문법 교정 도구로 매우 효과적이다. 이러한 기능들은 학습자들에게 개인화된 피드백을 제공해 효과적인 영어 학습을 가능하게 한다. 그러나 챗GPT는 아직 완벽하지 않기 때문에 오류가 있는 답변을 제공할 수도 있다. AI의 눈부신 발전이 인류 사회에 긍정적인 역할을 할 가능성이 크다는 낙관론을 펴고 있는 빌 게이츠 전 MS 회장은 앞으로 18개월 안에 AI가 학생들에게 독해와 작문을 가르치는 시대가 열릴 수 있다고 예측한다. 게이츠는 "사람에게 글쓰기를 가르치는 일이 가능한 컴퓨터를 개발하는 일은 글의 서사 구조와 글의 명확한 의미까지 이해해야 하는 컴퓨터를 만들어야 하는 일이라 지금까지는 거의 불가능한 영역이었다."라고 말하고, 최근 등장한 대화형 AI는 이 같은 일이 가능한 수준으로 발전했음을 강조한다.

챗GPT가 글쓰기의 혁명을 가져오고 있다. 인간은 지금까지 자신의 역량에 기반해 글을 써 왔지만 이제부터 챗GPT가 이런 인간의 글쓰기 능력을 보충해 줄 것이다. 지금 시대에 종이 원고지에 글을 쓰는 사람이 없듯이 앞으로는 AI의 도움 없이 글을 쓰는 사람도 없을 것이다. 시나리오, 소설, 자기계발서뿐만 아니라 과학·철학·법률 등 전문 지식이 담긴 문서까지 챗GPT를 활용하면 무궁무진한 콘텐츠 생성이 가능하다.

그런데 주제와 용도에 맞은 글을 얻어 내기 위해서는 구체적으로 질문하기, 명확하고 간결한 언어를 사용하기, 원하는 답변이 나오지 않을 경우 추가로 질문하기 등 몇 가지 원칙이 필요하다. 제대로 질문하지 않으면 챗GPT는 "죄송하지만 저는 할 수 없습니다."라는 답변을 들려준다. 챗GPT는 많은 데이터를 이용하여 평균적인 대답을 제시하기 때문에 챗GPT를 잘 이용하면 평균적으로 70점짜리 글은 가능하다. 아래는 챗GPT가 직접 들려주는 챗GPT를 활용해 글쓰기를 잘하는 요령이다.

1. 쓰기 프롬프트에 저를 사용하세요: 쓰기 아이디어를 떠올리는 데 어려움을 겪고 있다면 저에게 쓰기 프롬프트를 요청하세요. 주제를 제안하거나 시작할 문장을 줄 수 있습니다. 이렇게 하면 작가의 장애물을 극복하고 창의력을 발휘할 수 있습니다.

2. 문법 확인 요청: 가장 흔한 작문 실수 중 하나는 문법 오류입니다. 문법과 구두점을 확인하도록 요청하시면 수정 사항을 제안해 드릴 수 있습니다.

3. 저를 사용하여 어휘를 확장하세요: 광범위한 어휘는 글을 더욱 흥미롭고 매력적으로 만들 수 있습니다. 자주 사용하는 단어의 동의어를 제안하거나 배울 새로운 단어에 대한 제안을 요청하세요.

4. 피드백 요청: 귀하의 글을 읽고 피드백을 제공하도록 저에게 요청할 수 있습니다. 글쓰기 스타일, 구조 및 일관성을 향상시킬 수 있는 영역을 식별하는 데 도움을 드릴 수 있습니다.

5. 연구에 저를 사용하세요: 글의 주제를 연구해야 하는 경우 정보와 리소스를 제공하여 도움을 드릴 수 있습니다. 귀하의 주제와 관련된 기사, 서적 및 기타 자료를 찾도록 저에게 요청할 수 있습니다.

6. 더 많이 연습할수록 더 잘 쓸 수 있다는 점을 기억하세요. 실험하고 새로운 것을 시도하는 것을 두려워하지 마십시오. 저와 같은 AI 도구의 도움으로 시간이 지남에 따라 작문 실력을 지속적으로 향상시킬 수 있습니다.

예를 들어 "다음과 같은 핵심 내용이 포함된 자기소개서를 작성해 줘."와 같은 간단한 질문이면 챗GPT는 몇 분 안에 자기소개서를 작성한다. 챗GPT가 작성한 자기소개서 내용을 검토한 뒤 챗GPT에 추가 요청을 할 수도 있다. 예를 들어 "셋째 단락의 설명을 조금 더 쉽게 풀어 줘."라고 하면 챗GPT는 요청 사항을 반영해 다시 해당 문장을 완성해 준다. 대학에서 요구하는 자기소개서마다 형식이 다르기 때문에 대학의 형식에 맞추기 위한 과정도 중요한데, 이때 챗GPT에 원하는 형식을 구체적으로 입력한 뒤 이에 맞춰 글을 작성해 달라고 요구할 수 있다. 다음은 미국의 주요 대학들이 제시하는 에세이 토픽에 대한 답변을 챗GPT에게 질문해 본 것들이다.

1. 대학원 SOP, MBA 에세이에 대한 챗GPT의 답변

(1) Statement of Purpose

UC-Berkeley. The Statement of Purpose is required of all applicants. Please describe your aptitude and motivation for graduate study in your area of specialization, including your preparation for this field of study, your academic plans or research interests in your chosen area of study, and your future career goals. Please be specific about why UC-Berkeley would be a good intellectual fit for you.

》 챗GPT 답변

> 학업계획서(Statement of Purpose)는 모든 지원자가 작성해야 하는데, 자신의 전문 분야에 대한 연구 적합성과 동기를 서술해야 합니다. 이때 해당 분야에 대한 준비 과정, 선택한 분야에 대한 학업 계획 또는 연구 관심사, 미래의 직업 목표 등을 명확히 포함해야 합니다.
> 본인의 연구 관심사나 학문적인 목표와 UC-Berkeley의 프로그램 또는 교수진이 어떻게 부합하는지에 대한 구체적인 설명이 필요합니다.
> 충분한 준비와 연구를 통해 자신의 전문 분야에 대한 지식을 보여 줘야 합니다. 학업 또는 연구 경험을 언급하고, 해당 분야에 대한 관심과 열정을 표현해야 합니다.
> 지원 동기와 목표를 설명할 때 일반적인 구호와 표현을 피하고, 개인적이고 구체적인 이유를 제시해야 합니다. 자신의 역량, 경험, 성취 등을 강조하고, 본인이 선택한 분야에 대한 명확한 비전과 목표를 보여 줘야 합니다.

(2) Purpose for graduate study

UC-Berkeley. Please state your purpose in applying for graduate study, your particular area of specialization within the major field, your plans for the future occupation or profession, and any additional information that may assist the selection committee in evaluating your preparation and your aptitude for graduate study at Berkeley. This may include information regarding characteristics that will enable you to complete a graduate degree program.

》 챗GPT 답변

이 질문은 지원자의 목적, 전공 분야, 직업 또는 전문 분야에 대한 계획, 그리고 대학의 대학원 학습에 적합한 지원자의 능력과 준비 상태를 평가하기 위한 것입니다. 따라서 답변은 가능한 한 명확하고 구체적이어야 합니다.

목표에 대한 자신감을 나타내야 합니다. Berkeley 대학원에 지원한 이유는 무엇인지와 미래의 직업 또는 전문 분야에 대한 계획을 명확하게 제시하면서 지원자의 열정과 목표에 대한 자신감을 나타내야 합니다.

전문 분야에 대한 지식과 경험을 강조해야 합니다. 대학원에서 전문 분야를 공부할 계획이라면, 그 분야에 대한 지식과 경험을 강조해야 합니다. 지원자가 전문 분야에 대한 열정과 지식을 가지고 있음을 보여 줄 수 있는 예시나 경험을 나열하는 것이 좋습니다.

대학원 학습에 적합한 능력을 강조해야 합니다. Berkeley 대학원에서 학습하기 위해서는 대학원 학습에 적합한 능력을 갖추어야 합니다. 이를 나타내기 위해서는 관련 경험, 전공 분야에서의 성취, 특별한 능력 등을 언급하면 좋습니다.

만약 지원서에 포함되지 않은 추가적인 정보가 있다면, 이를 제공하여 지원자의 열정과 능력을 더욱 강조할 수 있습니다. 예를 들어, 대학에서 수행한 연구나 프로젝트, 이전 직장에서의 업적 등을 언급하는 것이 좋습니다.

(3) Leadership

Duke MBA. To be a good team player, one needs to be an effective individual leader and vice-versa. Describe an example of where you were challenged to become a leader in a team-oriented context. What was the challenge you faced, how did you address it, and what did you take away from the experience for your future development as a leader?

>> 챗GPT 답변

팀 중심 경험 강조: 질문에서 요구하는 대로, 팀 중심의 맥락에서 어려움을 겪고 리더로서 도전한 경험에 대해 설명해야 합니다. 이는 팀 프로젝트, 동료들과의 협업, 클럽 활동 등과 관련된 경험일 수 있습니다.

도전적인 상황 설명: 직면한 도전적인 상황을 명확하고 구체적으로 설명해야 합니다. 어떤 문제 또는 어려움이 있었는지, 어떤 역할을 맡았는지 등을 간결하게 언급할 수 있습니다.

대응 방법 설명: 직면한 도전에 대한 대응 방법을 상세하게 설명해야 합니다. 팀의 목표를 달성하기 위해 어떤 리더십 스타일이나 전략을 채택했는지, 동료들과의 협력 방법 등을 구체적으로 기술할 수 있습니다.

경험의 교훈 강조: 해당 경험에서 어떤 교훈을 얻었는지를 강조해야 합니다. 어떤 능력, 행동, 또는 관점을 개발하거나 개선할 수 있었는지, 리더로서의 성장과 개발을 위해 어떤 통찰력을 얻었는지를 설명할 수 있습니다.

미래적인 발전 강조: 얻은 경험을 통해 어떻게 리더로서 더 나은 성장과 발전을 이루기 위해 노력할 것인지에 대해 언급해야 합니다. 리더십 역량 강화, 팀 협업 능력 향상, 동료들의 성장과 발전에 기여하는 방법 등을 강조할 수 있습니다.

이러한 요소들을 고려하여 응답하면, 팀 중심의 맥락에서 리더로서의 도전을 설명하고, 어떻게 대응하며 어떤 교훈을 얻었는지에 대해 효과적으로 답변할 수 있을 것입니다.

(4) Change, impact or improvement on organization

At Michigan, we believe the key to effective leadership is the ability to transform theoretical concepts and ideas into action that can change the world. Given this perspective, please describe your most significant leadership accomplishment. Address how you transformed a theory or idea into action, the challenges you faced, and the impact your leadership had on your team or the organization.

> » 챗GPT 답변

> 개인적인 리더십 성과 선택: 이 질문은 본인이 리더십에서 성취한 가장 중요한 일에 대해 논하라는 것입니다. 이에 대해 대답할 때, 본인이 가장 뛰어난 리더십 업적을 선택하고 그 경험을 가능한 한 자세히 설명해야 합니다.
> 이론이나 아이디어를 실천으로 변화시킨 방법 설명: 이 경험에서 본인이 어떤 이론이나 아이디어를 실제로 변화시키는 데 어떻게 기여했는지 자세히 설명하십시오. 본인이 이 이론이나 아이디어를 실제로 어떻게 적용하고 실행했는지 설명해야 합니다.
> 직면한 도전에 대한 대처 방법을 논하십시오: 이 경험에서 본인이 직면한 도전과 어떻게 대처했는지 논하십시오. 도전이 무엇이었는지, 어떻게 극복했는지, 그리고 이 과정에서 어떤 어려움이 있었는지 설명해야 합니다.
> 본인의 리더십이 조직 또는 팀에 미친 영향 설명: 본인이 이 경험에서 팀이나 조직에 미친 영향에 대해 논하십시오. 이 경험이 조직 또는 팀에 어떤 변화를 가져왔는지, 어떤 성과를 이루게 했는지 등을 설명해야 합니다.

(5) Personal achievement

Wharton MBA. Describe a personal achievement that has had a significant impact on your life. Give specific details. What did you learn from this experience? How did it help shape your understanding of yourself and the world around you?

> » 챗GPT 답변

> 개인적인 업적을 선택하십시오. 이 질문은 본인의 개인적 업적에 대해 논하라는 것입니다. 어떤 것을 선택하든, 그 업적이 본인의 삶에 큰 영향을 미친 것이어야 합니다.

구체적인 세부 정보를 제공하십시오. 업적의 세부 사항을 가능한 한 자세히 설명해야 합니다. 이 업적이 어떤 상황에서 발생했는지, 어떻게 시작되었는지, 본인이 어떤 역할을 했는지 등을 구체적으로 설명해야 합니다.

경험에서 배운 것을 강조하십시오. 경험에서 배운 것을 중심으로 서술하십시오. 이 경험이 본인에게 무엇을 가르쳐 주었는지, 어떤 인사이트를 제공했는지, 어떤 영향을 미쳤는지 등을 강조하십시오.

자신의 이해와 세계관 형성에 대해 논하십시오. 경험이 본인의 이해와 세계관을 어떻게 형성했는지 설명하십시오. 이 경험이 본인의 가치관, 태도, 관점 등을 어떻게 바꿨는지, 더 나은 방향으로 나아갈 수 있게 해 주었는지 등을 논하십시오.

감정적인 표현에 유의하십시오. 개인적인 업적에 대해 논할 때는 감정적인 표현을 사용하는 것이 좋습니다. 업적이 어떻게 본인의 삶에 영향을 미쳤는지, 본인에게 어떤 의미를 가졌는지 등을 감정적인 언어로 표현하십시오.

(6) Creatively yourself

Creatively describe yourself to your NYU classmates. You may use any method to convey your message: words, illustrations, etc.

》 챗GPT 답변

창의적인 자기소개 방법 선택: 이 질문은 본인이 NYU 동기들에게 자기를 어떻게 소개할 것인지에 대해 논하라는 것입니다. 본인이 어떤 방법을 사용할지는 자유롭게 선택할 수 있으며, 단어, 일러스트, 사진 등을 사용할 수 있습니다. 따라서 본인이 자신을 가장 잘 나타낼 수 있는 방법을 선택하십시오.

창의적인 자기소개 방법 선택: 이 질문은 본인이 NYU 동기들에게 자기를 어떻게 소개할 것인지에 대해 논하라는 것입니다. 본인이 어떤 방법을 사용할지는 자유롭게 선택할 수 있으며, 단어, 일러스트, 사진 등을 사용할 수 있습니다. 따라서 본인이 자신을 가장 잘 나타낼 수 있는 방법을 선택하십시오.

적극적인, 호기심 많은 자기소개: 이 질문에서는 본인의 성격, 관심사, 경험 등을 적극적으로 자랑할 수 있는 기회입니다. 자기소개에서는 자신의 강점, 역량, 능력 등을 강조하는 것이 좋습니다. 또한 호기심이 많고 열정적인 면을 강조하면 좋습니다.

NYU 커뮤니티에 대한 이해: NYU는 매우 다양한 학생들이 모여 있는 교육기관입니다. 본인이 NYU 커뮤니티에 대한 이해와 관심을 갖고 있다는 것을 나타내는 것이 중요합니다. 이는 본인이 NYU 커뮤니티의 일부가 되고자 한다는 의지를 나타내는 것과도 관련이 있습니다.

타인과의 관계성 고려: 이 질문에서는 자신을 소개할 뿐만 아니라, 동기들과의 관계성도 고려해야 합니다. 본인의 관심사나 역량이 다른 동기들과 어떻게 연결될 수 있는지, 어떻게 동기들과 협력할 수 있는지를 생각해 보세요.

창의성과 개성: 마지막으로 본인이 선택한 자기소개 방법에서 창의성과 개성이 두드러지도록 하는 것이 좋습니다. 본인의 독특한 면을 보여 주는 것이 NYU 동기들과의 연결을 더욱 강화할 수 있는 방법입니다.

(7) Family background

Please provide us with a summary of your personal and family background to your UCLA classmates. Include information about your parents and siblings, where you grew up, and perhaps a highlight or special memory of your youth.

》 챗GPT 답변

개인과 가족 배경 소개: 이 질문은 본인이 UCLA 동기들에게 개인과 가족 배경에 대해 요약하여 소개하라는 것입니다. 부모님, 형제자매, 자신이 자란 곳 등을 소개할 수 있습니다. 이 질문에서는 자신의 출신 지역이나 문화적 배경, 가족 구성 등을 다른 동기들과 공유하면서 서로 이해를 도모할 수 있는 좋은 기회가 됩니다.

가족 구성원 소개: 이 질문에서는 부모님과 형제자매들을 소개하는 것이 좋습니다. 가족 구성원들의 직업, 교육 수준, 문화적 배경 등을 소개하는 것도 도움이 됩니다.

특별한 추억이나 하이라이트 소개: 이 질문에서는 자신의 어린 시절의 특별한 추억이나 하이라이트를 소개하는 것이 좋습니다. 이는 본인의 삶과 경험에 대해 동기들과 공유하면서 서로의 이해도를 높일 수 있는 좋은 방법입니다.

존중과 상호 이해: 이 질문에서는 자신의 배경을 소개함으로써 다른 동기들과 상호 이해와 존중을 도모해야 합니다. 이는 다양한 배경과 문화를 가진 학생들이 모인 UCLA에서 다양성을 존중하고 서로 이해할 수 있는 기반이 됩니다.

개인 정보 보호: 마지막으로, 개인 정보 보호에 주의해야 합니다. 본인이 자신의 가족 구성원들에 대해 공개하고 싶지 않은 정보가 있을 수 있으므로 이를 주의하여 소개하는 것이 좋습니다.

(8) Cultural diversity/personal history

In an essay, discuss how your personal background informs your decision to pursue a graduate degree. Please include any educational, familial, cultural, economic, or social experiences, challenges, or opportunities relevant to your academic journey; how you might contribute to social or cultural diversity within your chosen field; and/or how you might serve educationally underrepresented segments of society with your degree.

》 챗GPT 답변

이 질문에서는 개인 배경에 대해 자세히 설명하십시오. 자신의 교육적, 가족적, 문화적, 경제적, 사회적 경험, 도전과 기회에 대해 구체적으로 이야기하십시오. 이러한 경험들이 어떻게 학문적인 여정에 영향을 주었는지 알려 주세요.

사회 또는 문화 다양성에 어떻게 기여할 수 있는지 설명하십시오. 자신이 선택한 분야 내에서 어떻게 사회 또는 문화적 다양성을 증진시킬 수 있는지에 대해 구체적인 예를 들어 설명해 주세요.

교육적으로 소외된 사회적 집단에 대해 어떻게 기여할 수 있는지 설명하십시오. 자신의 학위를 통해 교육적으로 소외된 사회적 집단에 어떻게 도움을 줄 수 있는지에 대해 구체적인 방법과 목표를 기술해 주세요.

개인적인 관점: 개인적인 관점에서 이 에세이를 작성하십시오. 자신의 의견과 감정을 나타내며 독특한 경험과 시각을 공유하세요.

(9) Background, contribution, unique quality

Carnegie Mellon University students work closely together, we would like to understand what there is about your background and your experiences that would make a contribution to the diversity of the entering class and enhance the educational experience of other students.

» 챗GPT 답변

다양성 강조: Carnegie Mellon University의 학생들이 함께 긴밀히 협력한다는 점을 감안하여, 진입 학급의 다양성에 기여하고 다른 학생들의 교육 경험을 향상시킬 수 있는 귀하의 배경과 경험에 대해 설명해야 합니다.

유사성 강조: 학교의 규모, 학문 분야, 학생들의 관심사 등과 같은 학교와의 일치점을 강조하여 자신의 배경을 대학 커뮤니티와 연결시킬 수 있습니다.

특이성 강조: 자신의 고유한 배경, 경험, 역량 등을 강조하여 타 학생들과 구별되는 요소를 제시할 수 있습니다.

성취와 성장: 이전의 성취와 성장 경험을 강조하여 학업 및 학문적 이외의 영역에서 어떻게 성장하고 발전했는지를 설명할 수 있습니다.

팀워크와 협력: 팀워크 능력, 협업 경험 및 타인과의 관계 형성 능력을 강조하여 학교 커뮤니티에서의 기여에 대해 언급할 수 있습니다.

학교 목표와 연계: Carnegie Mellon University의 학교 목표와 가치와 일치하는 자신의 관심사, 목표, 비전을 강조하여 학교 커뮤니티와의 긍정적인 상호 작용을 나타낼 수 있습니다.

(10) Ethical dilemma

Texas AM University. Describe an ethical dilemma that you have personally encountered. What alternatives did you consider, and why? DO NOT tell us what you decided to do.

》 챗GPT 답변

윤리적 딜레마 강조: 이 질문에 제시된 것처럼 자신이 직접적으로 경험한 윤리적 딜레마에 대해 설명해야 합니다. 이는 반드시 개인적인 경험에 근거한 사례여야 합니다.

상황 설명: 경험한 윤리적 딜레마에 대한 상황을 명확하고 간결하게 설명해야 합니다. 문제의 본질, 관련 이해 관계자, 중요한 요인 등을 강조할 수 있습니다.

대안 설명: 자신이 고려한 대안들을 설명해야 합니다. 이러한 대안들은 윤리적 딜레마를 해결하거나 완화하기 위해 고려한 선택지를 포함해야 합니다. 대안들의 이점과 단점을 고려한 이유를 명확하게 제시할 수 있어야 합니다.

이유 설명: 각 대안을 고려한 이유를 명확하게 설명해야 합니다. 윤리적 원칙, 개인적 가치관, 사회적 영향 등을 고려한 이유를 설명할 수 있습니다.

중립적인 태도 유지: 주의해야 할 점은 질문에서 명시적으로 언급되어 있는 것처럼, 본인이 어떤 선택을 했는지에 대해 언급하지 않아야 한다는 점입니다. 대신, 어떤 대안을 고려했는지와 그 선택의 이유에 초점을 맞추어야 합니다.

학문적인 관점: 가능하면 학문적인 관점에서 윤리적 딜레마에 접근할 수 있는지 고려해야 합니다. 이론, 연구, 윤리적인 프레임워크 등을 활용하여 사례를 분석하고, 윤리적 판단에 대한 학습 경험을 강조할 수 있습니다.

(11) Passion

French philosopher Denis Diderot said, "Only passions, great passions, can elevate the soul to great things." Describe one of your passions and discuss its contribution to your personal growth at our university.

》 챗GPT 답변

열정 강조: 질문에 제시된 것처럼, 자신의 열정 중 하나에 대해 설명해야 합니다. 이 열정은 개인적인 것일 수도 있고, 학업, 연구, 사회적 활동, 예술 등과 관련된 분야일 수도 있습니다.
열정의 기원 설명: 해당 열정이 어떻게 시작되었는지와 그 배경을 설명할 수 있어야 합니다. 개인적인 경험, 관심, 영감 등이 어떻게 열정의 기원이 되었는지를 간결하게 언급할 수 있습니다.
열정의 의미 설명: 열정이 어떻게 개인적인 성장에 기여하는지 설명해야 합니다. 이 열정이 어떻게 귀하의 목표와 가치에 부합하며, 어떻게 귀하의 역량, 자신감, 창의성 등을 향상시키는지 이해관계자들에게 전달할 수 있어야 합니다.
대학에서의 역할: 해당 열정이 대학에서 어떻게 기여할 수 있는지와 그 기여의 방법에 대해 설명해야 합니다. 학업, 연구, 학생 조직, 사회봉사 등을 통해 해당 열정을 실천하고 타인과 공유할 수 있는 방법을 강조할 수 있습니다.
성취와 성장: 열정이 귀하에게 어떤 성취와 성장을 가져왔는지를 간결하게 언급해야 합니다. 대학 생활 동안 열정을 통해 극복한 어려움, 배웠거나 발전한 점, 귀하의 능력과 역량을 어떻게 향상시켰는지를 강조할 수 있습니다.

앞으로의 계획: 열정이 대학에서의 학습과 경험에 어떻게 이어질지에 대해 언급할 수 있습니다. 어떻게 해당 열정을 계속 발전시키고, 미래의 목표와 꿈을 실현하기 위해 대학에서 어떤 기회를 찾고자 하는지를 강조할 수 있습니다.

(12) Optional essay

If you believe that your undergraduate grade-point average does not accurately reflect your ability, please specify the condition (e.g., illness) or obligations (e.g., employment) that interfered with your performance and why. If employment was the cause, indicate why you worked; how many hours per week you worked each semester; the type of employment.

》 챗GPT 답변

GPA에 대한 이유 설명: 이 질문은 자신의 대학교 학점 평균(GPA)이 본인의 능력을 정확하게 반영하지 않는다고 생각하는 경우, 이유에 대해 설명하라는 것입니다. 이유를 상세히 설명하여 자신의 입장을 명확히 전달하는 것이 중요합니다.

조건이나 의무 사항 설명: 이 질문에서는 GPA에 영향을 미친 조건이나 의무 사항을 설명해야 합니다. 예를 들어 병으로 인해 성적이 하락했거나, 학업 외의 일이나 가족 의무로 인해 공부에 집중하지 못했을 수 있습니다.

고용에 대한 설명: 만약 고용이 GPA 하락의 원인이라면, 일하는 이유와 일의 종류, 그리고 학기별로 일한 시간을 명시해야 합니다. 이를 통해 자신이 일과 공부를 동시에 진행하는 어려움을 이해받을 수 있도록 도움이 됩니다.

입증 가능성: 이 질문에 대한 답변은 입증 가능성이 있는 내용으로 구성해야 합니다. 가능한 한 구체적이고 사실적으로 설명하여 자신의 입장을 타인들이 이해할 수 있도록 해야 합니다.

> 객관적 사유: 마지막으로 이 질문에서는 객관적인 사유에 대해 설명하는 것이 좋습니다. 즉, GPA를 낮춘 이유가 자신의 능력 부족이 아니라 외부적인 사유에 기인한 것임을 명확히 해야 합니다.

2. 학부 에세이에 대한 챗GPT의 답변

(13) Intended major

For University of California. What is your intended major? Discuss how your interest in the subject developed and describe any experience you have had in the field such as volunteer work, internships and employment, participation in student organizations and activities and what you have gained from your involvement.

» 챗GPT 답변

> 전공에 대한 관심 강조: 질문에서 요구하는 대로, 본인의 전공에 대한 관심을 강조해야 합니다. 해당 전공에 관심을 가지게 된 계기, 어떻게 관심이 발전되었는지 등을 설명할 수 있습니다.
> 경험 설명: 해당 전공과 관련된 경험을 설명해야 합니다. 자원봉사, 인턴십, 취업, 학생 단체 및 활동 등과 관련된 경험을 구체적으로 언급할 수 있습니다.
> 경험의 의의 설명: 각 경험에서 어떤 가치를 얻었는지 설명해야 합니다. 어떤 역량, 지식, 통찰력을 얻었는지, 본인의 관심과 열정을 어떻게 실제로 경험에 적용했는지 등을 강조할 수 있습니다.
> 학교와의 연계: 본인의 전공 관심과 학교의 프로그램, 교육 방식, 연구 기회 등을 어떻게 연계시킬 수 있는지를 설명할 수 있습니다. 학교가 제공하는 자원과 지원을 활용하여 어떻게 전공 관련 경험을 발전시킬 수 있는지에 대해 언급할 수 있습니다.

미래적인 목표: 해당 전공을 통해 어떤 목표를 달성하고 싶은지에 대해 언급해야 합니다. 어떤 분야에서의 경력, 연구, 사회적 영향력 등을 통해 어떤 변화를 이루고 싶은지를 강조할 수 있습니다.

이러한 요소들을 고려하여 응답하면, 본인의 전공 관심의 발전 과정과 해당 분야에서의 경험을 효과적으로 설명할 수 있을 것입니다.

(14) Quality or accomplishment

For University of California. Tell us about a personal quality, talent, accomplishment, contribution or experience that is important to you. What about this quality or accomplishment makes you proud, and how does it relate to the person you are?

》 챗GPT 답변

개인적인 품성, 재능, 성취, 기여, 경험 강조: 질문에서 요구하는 대로, 본인에게 중요한 개인적인 품성, 재능, 성취, 기여, 또는 경험에 대해 설명해야 합니다. 이는 본인의 독특한 측면이나 특징으로서, 학교에 지원하는 데 있어서 본인을 대표하는 중요한 부분이어야 합니다.

자부심과 관련성 설명: 해당 품성이나 성취에 대해 자부심을 느끼는 이유를 설명해야 합니다. 왜 이러한 품성이나 성취가 본인을 자랑스럽게 만드는지를 명확하게 언급할 수 있어야 합니다. 또한, 해당 품성이나 성취가 본인의 개인성과 어떻게 관련되는지도 설명할 수 있어야 합니다.

자기 일치성 강조: 해당 품성, 재능, 성취, 기여, 경험이 본인과 어떻게 연결되는지를 설명해야 합니다. 이 특징이 본인의 가치, 목표, 관심사, 또는 비전과 어떻게 일치하는지에 대해 강조할 수 있습니다. 또한, 해당 경험이 본인의 성장과 발전에 어떤 역할을 한 것인지도 언급할 수 있습니다.

구체적인 예시 제공: 가능하면 구체적인 사례나 경험을 제시하여 설명할 수 있습니다. 이를 통해 추상적인 개념이나 주장을 구체화하고, 실제적인 이해관계자들에게 더 큰 인상을 줄 수 있습니다.

솔직성과 자기 표현: 본인의 응답을 솔직하게 표현하고, 본인의 목소리와 개성을 반영하는 것이 중요합니다. 자기 일치성과 본인의 개인적인 경험에 초점을 맞추어 답변할 수 있도록 노력해야 합니다.

(15) Family's experience

The University of Washington. Discuss how your family's experience or cultural history enriched you or presented you with opportunities or challenges in pursuing your educational goals.

》 챗GPT 답변

가족 경험 또는 문화적 역사 강조: 질문에서 요구하는 대로, 가족의 경험 또는 문화적 역사가 어떻게 본인을 풍부하게 하거나 교육 목표를 추구하는 데 어떤 기회나 도전을 제공했는지에 대해 설명해야 합니다.

특정 사례나 예시 제공: 가능한 구체적인 사례나 경험을 제시하여 설명할 수 있습니다. 본인 가족의 이야기, 가정환경, 문화적 전통, 이민 경험 등을 구체적으로 언급하고, 어떻게 이러한 경험이 본인의 교육 목표와 관련되는지 설명할 수 있습니다.

영향과 기회 또는 도전 강조: 가족의 경험 또는 문화적 역사가 어떻게 본인에게 영향을 주었고, 어떤 기회를 제공하거나 어떤 도전을 겪게 했는지를 강조해야 합니다. 가족의 가치, 지지, 문화적 배경이 어떻게 본인의 교육 목표를 영향을 주었는지를 설명할 수 있습니다.

개인적인 성장과 학업 목표와의 관련성 설명: 가족의 경험이 본인의 성장과 개인적인 교육 목표와 어떻게 관련되는지에 대해 설명해야 합니다. 어떻게 가족의 경험이 본인을 강하게 만들었고, 어떻게 교육 목표 달성을 위해 도움이 되었는지를 강조할 수 있습니다.

객관성과 솔직성 유지: 본인의 응답을 객관적이고 솔직하게 유지해야 합니다. 개인적인 이야기를 통해 본인을 나타내는 것이 중요하지만, 학문적인 목표와 연결되는 방식에 초점을 맞추어야 합니다.

(16) Contribute

The University of Washington seeks to create a community of students richly diverse in cultural backgrounds, experiences, and viewpoints. How would you contribute to this community?

» 챗GPT 답변

다양성 강조: 질문에서 요구하는 대로, 본인이 어떻게 문화적 배경, 경험 및 시각을 통해 다양성을 풍부하게 만들 수 있는지를 강조해야 합니다. 본인의 다양한 문화적 배경, 경험, 관점 등을 설명하여, 이를 통해 다양성을 증진시킬 수 있는 기여를 할 수 있다는 것을 나타내야 합니다.

개인적인 기여 방법 설명: 본인이 어떻게 학교 커뮤니티에 기여할 수 있는지를 구체적으로 설명해야 합니다. 본인의 고유한 문화적 배경, 경험, 관심사 등을 통해 어떤 차별화된 관점을 제공할 수 있는지, 어떻게 학교 커뮤니티에 포용과 이해를 촉진할 수 있는지를 언급할 수 있습니다.

상호 작용과 협력 강조: 본인이 학교 커뮤니티와 상호 작용하고 협력하는 방식에 대해 강조해야 합니다. 어떻게 다른 학생들과 연결되고 소통하며, 다양한 배경과 시각을 존중하고 포용할 수 있는지를 설명할 수 있습니다.

학교 리소스와의 연계: 학교가 제공하는 다양한 리소스와 프로그램을 활용하여 본인의 다양성을 더욱 풍부하게 발전시킬 수 있는 방법을 언급할 수 있습니다. 학교 내 다양성을 지원하는 활동, 조직, 프로그램에 참여하거나 이를 활용하여 본인의 기여를 더욱 강화할 수 있다는 것을 언급할 수 있습니다.

솔직성과 자기 표현: 본인의 응답을 솔직하게 표현하고, 본인의 목소리와 개성을 반영하는 것이 중요합니다. 어떤 기여를 하고자 하는지를 진심으로 나타내고, 학교 커뮤니티에 참여하는 의지와 열정을 나타내야 합니다.

(17) Extracurricular activity

UIUC. choose one extracurricular activity, work experience or community service project from the list you provided on the application and explain why you initially chose it, why you continued with it, and how you benefited from it.

» 챗GPT 답변

Initial Choice: 선택한 특정 동아리, 직무 경험 또는 지역사회봉사 프로젝트를 왜 선택했는지에 대해 설명해야 합니다. 어떤 이유로 해당 활동을 선택했는지, 본인의 관심사, 가치관 또는 목표와 어떤 연결이 있는지 설명해야 합니다. 선택에 영향을 미친 요소들에 대해 논의합니다.

Continuation: 선택한 활동, 직무 경험 또는 지역사회봉사 프로젝트를 왜 계속 참여하게 되었는지에 대해 논의합니다. 해당 활동이 본인에게 어떤 의미가 있는지, 보람을 느끼게 되었는지, 또는 어떤 도전을 겪게 되었는지를 설명합니다. 지속적인 참여로 어떤 개인적인 성장, 기술 개발 또는 영향을 경험했는지 강조합니다. 해당 활동이 본인의 동아리 활동에 중요한 부분이 되었는지를 설명합니다.

Benefits and Learnings: 선택한 활동, 직무 경험 또는 지역사회봉사 프로젝트로부터 어떤 혜택과 배움을 얻었는지 자세히 설명합니다. 새로운 인사이트, 시각, 또는 새로운 기술을 얻었는지를 강조합니다.

이를 통해 본인이 어떤 가치를 창출하거나 어떻게 성장했는지를 설명합니다. 어떤 관점이나 기술을 향상시킬 수 있었는지를 언급합니다. 구체적인 예시와 경험 기반: 가능한 구체적인 예시와 경험을 제공하여 설명할 수 있습니다. 본인이 어떤 프로젝트에 참여했는지, 어떤 역할을 맡았는지, 어떤 성과를 달성했는지를 구체적으로 언급할 수 있습니다. 본인의 참여를 통해 어떤 기여를 하고, 어떤 경험을 쌓았는지를 설명할 수 있습니다.

(18) Issue of importance

UT austin. Choose an issue of importance to you? the issue could be personal, school related, local, political, or international in scope? and write an essay in which you explain the significance of that issue to yourself, your family, your community, or your generation.

》 챗GPT 답변

질문의 요구 사항 이해: 질문에서 어떤 주제를 선택할 것인지, 그 주제가 개인적인 것인지 학교 관련인지, 지역, 정치, 국제적인 범위 중 어디에 속하는지를 명확히 이해해야 합니다.
주제 선정: 중요한 문제 중 하나를 선택하고, 그것이 왜 중요한지 생각해야 합니다. 개인적으로, 가족, 지역사회, 혹은 세대에게 왜 중요한지를 고려해야 합니다.
구조화된 글 작성: 글을 작성할 때는 명확하고 구조화된 방식으로 주장을 전개해야 합니다. 시작부터 끝까지 일관된 주제와 논리적인 흐름을 유지해야 합니다.
자신의 관점 강조: 주제의 중요성을 자신의 관점에서 강조해야 합니다. 왜 그 주제가 자신에게, 가족에게, 지역사회에게, 혹은 세대에게 중요한지에 대해 명확하게 설명해야 합니다.
구체적인 예시 제시: 주제의 중요성을 뒷받침하기 위해 구체적인 예시를 제시하는 것이 좋습니다. 개인적인 경험이나 관찰, 통계 데이터 등을 활용하여 주장을 더 강화시킬 수 있습니다.

> 정리 및 결론: 글을 마무리할 때는 주제의 중요성을 다시 강조하고, 자신의 주장을 정리하는 것이 좋습니다. 짧고 간결하게 마무리하면서 독자에게 강한 인상을 남길 수 있습니다.

3. 추천서에 대한 챗GPT의 답변

(19) Applicant's role

Stanford GSB Letters of Reference 1. Please comment on the context of your interaction with the applicant. If applicable, briefly describe the applicant's role in your organization.

》 챗GPT 답변

> 추천자와 지원자 사이의 상호 작용에 대한 맥락을 명확히 이해하고 기억하세요. 추천서를 쓰는 이유는 해당 지원자에 대한 평가와 소개를 할 수 있도록 돕기 위함입니다. 추천서를 쓰기 전에 상호 작용의 세부 내용을 복기하고 관련된 사건, 프로젝트, 회의, 협업 등의 사례를 기억하세요.
>
> 직무와 조직 내에서 지원자의 역할을 간략히 설명하세요. 지원자가 조직에서 어떤 역할을 맡았는지, 그들의 책임과 업무 영역은 무엇이었는지, 팀에서 어떤 역할을 수행했는지에 대해 언급하세요. 이를 통해 추천자는 지원자의 조직 내에서의 업적과 기여도를 이해할 수 있게 됩니다.

(20) Candidate's performance

Stanford GSB Letters of Reference 2. How does the candidate's performance compare to those of other well-qualified individuals in similar roles?(2 Professional Recommenders) / Describe how the candidate has generated support from others for an idea or initiative.(Peer Recommender)

》 챗GPT 답변

> 지원자가 어떤 아이디어나 이니셔티브에 대해 지지를 얻었는지 구체적인 사례를 제시하세요. 예를 들어, 어떤 프로젝트나 제안을 선보였고, 그 결과 어떤 형태로 지지를 얻었는지 설명해 주세요. 이를 통해 추천자는 지원자의 영향력, 설득력, 협력 능력 등을 평가할 수 있습니다.
> 가능하다면, 후배 추천자가 지원자에게 지지를 제공한 배경과 이유에 대해 추가 설명해 주세요. 후배 추천자가 왜 해당 아이디어나 이니셔티브를 지원했으며, 어떤 면에서 지원자가 다른 사람들에게 영향을 끼쳤는지에 대한 구체적인 정보를 제공하세요.

(21) Constructive feedback

Stanford GSB Letters of Reference 3. Please describe the most important piece of constructive feedback you have given the applicant. Please detail the circumstances and the applicant's response.

》 챗GPT 답변

> 구체성: 가능한 한 구체적인 예시와 상황을 제공해 주세요. 어떤 상황에서 어떤 종류의 피드백을 제공했는지 설명해야 합니다.
> 가치 부여: 해당 피드백이 어떻게 실제적인 도움을 주었는지 강조해 주세요. 피드백이 어떤 영향을 미쳤고, 지원자의 성장과 발전에 어떤 도움이 되었는지 알려 주세요.

> 적응력과 개선: 지원자의 피드백에 대한 반응을 기술해야 합니다. 그들이 이 피드백을 어떻게 수용했고 개선에 어떤 노력을 기울였는지 설명해 주세요.

(22) Applicant's performance, potential

Stanford GSB Letters of Reference 4. Please make additional statements about the applicant's performance, potential, or personal qualities you believe would be helpful to the MBA Admissions Office.

》 챗GPT 답변

> 명확성: 답변을 할 때, 지원자의 성과, 잠재력 또는 개인적인 특성에 대해 명확하고 구체적으로 언급해 주세요. 추상적이고 일반적인 주장보다는 구체적인 예시와 사례를 제공하는 것이 중요합니다.
> 다양성: 지원자의 다양한 측면을 강조해 주세요. 그들의 업적, 리더십 능력, 창의성, 책임감, 협업 능력 등과 같은 다양한 개인적인 특성을 언급하는 것이 중요합니다.
> 일관성: 가능한 한 지원서와 관련된 주제를 다루는 것이 좋습니다. 지원자의 목표와 가치관에 대해 언급하며, 이를 지원하기 위해 어떻게 노력하고 성취한 것인지 설명해 주세요.
> 객관성: 주관적인 의견을 제공하는 것이 아닌 사실에 기반한 의견을 제시해 주세요. 가능한 한 객관적이고 중립적으로 지원자의 능력과 잠재력을 평가해 주세요.

(23) Impact on a person, group

MIT Sloan MBA letters of recommendation. Please give an example of the applicant's impact on a person, group, or organization.

» 챗GPT 답변

구체성: 가능한 한 구체적인 예시와 상황을 제공해 주세요. 어떤 사람, 그룹 또는 조직에 어떤 영향을 미쳤는지 설명해야 합니다. 그 영향이 어떤 형태로 나타났는지 구체적인 세부 사항을 포함시켜 주세요.

중요성: 해당 영향이 얼마나 중요하고 의미 있는지 강조해 주세요. 어떻게 지원자가 이 사람, 그룹 또는 조직에 긍정적인 변화를 가져왔는지 알려 주세요.

결과: 어떤 결과와 성과가 나타났는지 설명해 주세요. 이 영향이 사람들에게 어떤 변화를 주었으며, 그룹이나 조직의 성과나 효율성 향상에 어떤 도움이 되었는지 알려 주세요.

리더십과 협업: 해당 영향을 미치는 과정에서 지원자의 리더십 능력과 협업 능력을 강조해 주세요. 어떻게 지원자가 다른 사람들과 협력하여 영향력을 행사했는지 설명해 주세요.

(24) Applicant interacts

MIT Sloan MBA letters of recommendation. Please give a representative example of how the applicant interacts with other people.

» 챗GPT 답변

구체성: 가능한 한 구체적인 예시와 상황을 제공해 주세요. 어떤 상황에서 지원자가 다른 사람들과 어떻게 상호 작용하는지 설명해야 합니다. 이는 대화, 협력, 리더십 또는 팀워크와 같은 다양한 상호 작용 형태를 포함할 수 있습니다.

태도와 양식: 지원자의 태도와 양식에 주목해 주세요. 그들이 어떤 태도로 다른 사람들과 대화하고 협력하는지 알려 주세요. 이는 존중, 친절, 공정성, 개방성, 소통 능력 등과 같은 요소를 포함할 수 있습니다.

영향력과 동기부여: 지원자가 다른 사람들에게 어떤 영향력을 행사했는지 설명해 주세요. 그들이 다른 사람들을 동기부여하거나 영감을 주는 방법을 언급해 주세요. 또한, 지원자가 다른 사람들의 의견을 수렴하고 함께 일하는 방식에 대해서도 언급할 수 있습니다.

협업과 리더십: 지원자의 협업 능력과 리더십 스타일을 강조해 주세요. 어떻게 지원자가 다른 사람들과 협력하여 공동의 목표를 달성하는 데 기여했는지, 또는 어떻게 지원자가 리더십을 통해 그룹 또는 팀을 이끌었는지 설명해 주세요.

(25) Characteristics would you change

MIT Sloan MBA letters of recommendation. Which of the applicant's personal or professional characteristics would you change?

》 챗GPT 답변

상호 존중: 답변을 할 때 지원자에 대한 존중과 공정성을 유지해야 합니다. 부정적인 특성을 언급할 때도 상호 존중과 배려를 기억해 주세요.

구체성: 가능한 한 구체적인 예시와 상황을 제공해 주세요. 어떤 개인적 또는 전문적인 특성을 변경하고자 하는지 명확히 언급하고, 그 이유와 배경을 설명해야 합니다.

건설적인 접근: 어떻게 해당 특성을 개선하거나 발전시킬 수 있는지에 대해 생각해 보세요. 개선 방안이나 제안을 제시하면서, 지원자의 성장과 발전을 도모하기 위한 건설적인 접근을 취해야 합니다.

합리적이고 균형 잡힌 접근: 지원자의 특성을 변경하고자 할 때, 이를 합리적으로 근거 지어야 합니다. 주관적인 의견이 아닌 객관적인 판단을 바탕으로 특성 변경에 대한 의견을 제시해야 합니다.

(26) Interacting in a team

Pennsylvania Wharton MBA letters of recommendation. Please provide an example of a time when the applicant was particularly successful at interacting with others in a team(employees, peers, managers, etc.); how was the applicant successful? How does the applicant compare to his/her peers in this dimension?

》 챗GPT 답변

구체성: 가능한 한 구체적인 예시와 상황을 제공해 주세요. 어떤 특정 상황에서 지원자가 팀 내에서 다른 사람들과 상호 작용하는 방법과 그 결과에 대해 설명해야 합니다. 이는 지원자와 팀원들 간의 대화, 협력, 의견 조율, 리더십 등 다양한 상호 작용 형태를 포함할 수 있습니다.

성공적인 결과: 지원자가 얼마나 성공적으로 다른 사람들과 팀에서 상호 작용했는지 설명해 주세요. 어떤 목표를 달성하거나 문제를 해결하는 과정에서 지원자가 어떤 역할을 했고, 어떤 결과를 도출했는지 구체적으로 언급해 주세요.

동료들과의 비교: 지원자가 이 차원에서 어떻게 동료들과 비교되는지 설명해 주세요. 지원자의 상호 작용 능력이 다른 동료들과 비교했을 때 우수한지, 또는 동등한지에 대해 언급해 주세요. 가능하다면 구체적인 비교 요소를 제시하는 것이 좋습니다.

균형과 협업: 지원자가 상호 작용하는 과정에서 어떻게 균형을 유지하고 협업하는지 강조해 주세요. 다른 사람들의 의견을 경청하고 존중하는 방식, 팀의 목표를 공유하고 협력하는 방식 등에 대해 언급해 주세요.

(27) Not meet expectations and setback

Pennsylvania Wharton MBA letters of recommendation. Provide an example of a time when the applicant did not meet expectations. What was the outcome? How did s/he handle the setback?

》 챗GPT 답변

위 질문에서는 Pennsylvania Wharton MBA 지원자의 추천서에서 예상에 미치지 못한 경우에 대한 예시를 요구하고 있습니다.

적절한 예시 제공: 예상에 미치지 못한 경우를 잘 설명할 수 있는 사례를 선택하세요. 가능한 한 구체적이고 명확한 예시를 제시하여 그들이 어떻게 기대에 부응하지 못했는지 이해할 수 있도록 하세요.

결과 설명: 예상에 미치지 못한 결과를 설명하세요. 어떤 결과가 발생했는지, 그리고 그 결과가 어떤 영향을 미쳤는지 알려 주세요. 이러한 결과를 통해 지원자의 실패에 대한 이해도를 높일 수 있습니다.

대처 방법 설명: 지원자가 어떻게 해당 실패를 처리했는지 자세히 설명하세요. 어떤 조치를 취했는지, 어떤 전략을 사용했는지, 그리고 어떤 결과를 얻었는지 알려 주세요. 지원자의 대처 능력과 성장 가능성을 나타낼 수 있습니다.

문맥을 고려하세요: 지원자의 MBA 추천서에서 발생한 예상에 미치지 못한 사례와 그 결과, 대처 방법을 설명할 때, Wharton MBA 프로그램에 적합한 내용인지를 고려하세요. 해당 프로그램의 가치와 목표와 일치하는 예시를 제시하여 질문에 잘 부합하는 답변을 제공하세요.

(28) How long known him/her

Pennsylvania Wharton MBA letters of recommendation. How has the applicant's career progressed over the time that you have known him/her? How does this growth compare to his/her peer group? Please describe the peer group that you are comparing this applicant.

》 챗GPT 답변

질문에 대한 직접적인 답변: 질문은 "당신이 그동안 이 지원자를 알게 된 기간 동안 그의 경력이 어떻게 발전해 왔는지"와 "이 성장이 그의 동료 그룹과 어떻게 비교되는지"에 대한 것입니다. 이 질문에 대한 구체적이고 명확한 답변을 제공해야 합니다.

경력 발전의 증거: 이 지원자가 직무 수행에 있어서 어떤 성장을 이루었는지, 어떤 프로젝트를 성공적으로 수행했는지, 어떤 책임을 맡았는지 등의 구체적인 예시를 제공해야 합니다. 이러한 예시는 지원자의 성장을 뒷받침하는 증거로 사용될 수 있습니다.

동료 그룹과의 비교: 이 지원자의 성장이 동료 그룹과 비교했을 때 어떻게 나타나는지 설명해야 합니다. 동료 그룹은 같은 직위, 업종, 경력 단계 등에서 비슷한 위치에 있는 사람들을 가리킵니다. 지원자가 동료 그룹과 비교했을 때 독보적인 성장을 이루었는지, 어떤 면에서 우수한지 등을 강조해야 합니다.

구체적인 언어 사용: 답변을 구성할 때 구체적이고 강력한 언어를 사용해야 합니다. 주장이나 설명을 뒷받침하는 구체적인 사례와 예시를 제공하면서, 지원자의 성장과 동료 그룹과의 비교를 명확하게 전달해야 합니다.

PART 2
한국 학생 에세이 특강

1. 나의 이야기를 쓰자

한국 학생의 에세이의 특성은 나 자신과 무관한, 주변의 이야기를 너무 많이 인용한다는 점입니다. 신문 논평이나 교수의 설교 같은 내용들, 한국의 IMF 현실, 유명한 경영자의 교훈, 사회 일반 이론, 인터넷 산업의 현황, 일반적인 상식은 미국 대학의 교수가 학생보다 더 잘 알고 있습니다. 지면이 제한되고, 핵심적인 내용만을 원하는 에세이에서 이런 내용은 모두 불필요한 에세이의 분량만 늘리는 사족입니다.

에세이는 자신에 관한 이야기입니다. 타인의 이야기가 아니라는 뜻입니다. 에세이에서 가장 중요한 2대 요소는 개인성(나의 아야기만을 기록한다), 구체성(실천되지 않은 미래의 이야기가 아니라 이미 이루어진 내용, 앞으로 계획돼 있는 일만을 가지고 서술한다)입니다. 에세이에서 나와 무관한 이야기는 철저히 배제해야 합니다. 이런 이야기는 나에 관해 할 말이 없어서 분량만 늘리는 작문처럼 보입니다.

　에세이를 줄이려면 각 문단을 읽은 뒤에 나의 이야기가 아닌 부분은 모두 뒤로 빼 보세요. 남의 이야기, 철학적인 문장들, 남이 했던 말들, 사회 현실, 일반적인 경제 상황에 대한 설명, 특정 이론을 인용한 것 등등 나의 이야기가 아닌 모든 것을 삭제하고, 남은 문장으로 다시 한번 교정해 보세요. 이것이 마지막 에세이의 골격입니다.

　에세이는 '함축의 미학'이라고 합니다. 가장 간결한, 꼭 할 말만 하는 에세이가 최고의 에세이입니다. 한때 프린스턴 대학의 학부 에세이는 273자(word)로 고정돼 있었습니다. 자수까지 맞출 정도로 짧은 에세이가 최고의 에세이라는 뜻입니다.

　간결하려면 어떻게 해야 할까요? 꼭 할 말, 즉 자기 자신에 대한 이야기만 기록하라는 것입니다. 한국의 현실, 요즘 경제, 사회의 흐름, 신문이나 잡지에 매일 등장하는 일반적인 단어들은 황금 같은 에세이 지면을 차지할 소재가 아닙니다. 이런 소재는 미국 대학의 교수들도 매일 듣고 있고, 학생보다 더 잘 아는 내용입니다. 자기가 잘 아는 내용을 수백 명, 수천 명의 학생 에세이에서 읽는 것보다 더 지겨운 일은 없겠지요.

　에세이를 작성한 뒤에 나의 이야기가 아닌 부분은 모두 뒤로 빼 보세요. 남의 이야기, 철학적인 문장들, 남이 했던 말들, 사회 현실, 일반적인 경제 상황에 대한 설명, 특정 이론이나 잠언 등, 나의 이야기가 아닌 모든 것을 삭제하시고 남은 문장을 읽어 보세요. 이런 경우는 오히려 학교에서 요구하는 분량보다 에세이가 적어지는 경우도 많습니다. 그러면 다시 한번 각 문장, 단어마다 구체성을 더해 가면서 2차로 에세이를 작성하세요. 이런 과정을 여러 번 되풀이해 보면 비로소 자신만의 이야기를 담은 에세이가 완성됩니다.

아래 예를 보면 밑줄 부분만 나의 이야기입니다. 에세이를 줄일 때는 나에 관련된 이야기만 남기고 나머지는 버린 상태에서 계속 나에 대한 이야기를 추가하는 작업을 되풀이해야 합니다. 그러면 최종적으로 작성된 에세이는 순전히 나에 관련된 이야기만 남게 됩니다.

우리 금융 산업은 현재 대전환기를 맞고 있다. 금융 산업 구조의 개편을 통하여 금융 기관의 설립이 자유화되는 추세에 있고 업무 영역도 허물어지고 있으며 금융의 혁신을 통하여 금리, 환율이 결정되고 금융 상품이 수요에 맞추어 다양하게 개발되고 있다. 우리나라 금융 산업의 발전은 실물경제 발전을 위해서도 반드시 필요하고, 우리 금융 산업은 선진국의 예에서 보듯이 경쟁력 있는 산업으로 발전하여야 한다. 그리고 금융의 위험이 커지고 금융 상품이 복합화되는 현실에서 금융 기법의 첨단화는 필수 불가결하다. 그러므로 <u>나의 goal은 ×× LTD에서 경험한 정보 및 정보통신 기술 분야의 최신 지식과 HHH MBA Curiculum을 통하여 얻은 조직, 마케팅, 벤처, 재무 등의 핵심 경영지식을 접목시키고, 세계 초우량 기업의 사례 분석과 현장 실습을 통해 졸업 직후 즉시 금융 기업의 문제 해결 현장에 투입될 수 있는 정보 기술 전문가가 되는 것이다.</u>

2. 구체적이면 진실돼 보인다

'구체적으로 작성하라(be specific)'는 미국 에세이에서 첫 번째 요건입니다. 연도, 인명, 매출 등 자신이 기록하는 모든 항목을 세부적으로 보여 주는 것입니다. "나는 대학 졸업 후 은행 경력을 통해 활발한 대인관계와 리더십을 키웠다."라는 표현보다는, "나는 1994년 ××은행 전략기획부에 입사한 뒤 4년 동안 해외사업팀장으로 6명의 직원을 통솔하면서 리더십을 배웠다."가 훨씬 사실적으로 보입니다. 구체적인 서술은 진실성과 신뢰성을 높입니다.

　미국 대학들이 구체성을 강조하고, 구체적인 에세이를 높이 평가하는 것은 사실성이 뒷받침되기 때문입니다. 거짓을 기록하거나 가공의 이야기를 창작할 때는 아무래도 허점이 드러나기 마련입니다. 실제로 일하지 않은 직업, 직장에 대해 소설을 써 보시기 바랍니다. 여러분이 아무리 다양한 상식을 가지고 있다 하더라도 작성한 뒤에 읽어 보시면 사실성이 떨어집니다. 구체적인 내용이 부족해지기 때문입니다. 연간 수천 통의 에세이를 읽어 보는 교수들은 이런 소설 같은 작문을 판별해 낼 수 있습니다.

　반면 너무 구체적으로 되다 보니까, 장황해지는 에세이는 오히려 감점의 대상입니다. 특히 공학을 전공한, 제조업 분야의 학생들의 에세이가 이런 경향을 보입니다. 자동차 회사 특정 라인의 project manager로 자신이 했던 업무를 구체적으로 보여 주기 위해, 자동차의 생산, 조립, 도색, 출고 등 제반 과정을 세세히 기록해 에세이 분량이 두세 배로 늘어나는 것보다는 차라리 덜 구체적인 것이 바람직합니다.

　사실 특정 제조업체의 구체적인 직무 내용은 심사자도 잘 모르고, 관심도 없는 내용입니다. 에세이는 내가 경험한 것, 배운 점을 보여 주는 것인데 너무 상세하게 지원자의 능력과 무관한 사실을 나열하고 있으면 누가 읽어도 지루합니다. 자신의 장점을 보여 주고, 사실성을 높이기 위해서 이왕 기록한 내용을 가능한 한 구체적으로 바꾸는 것일 뿐 부차적인 내용을 상세히 기술해 내용을 늘리지는 말라는 뜻입니다.

3. 스케일을 키우자

 에세이가 합격에 중요한 요소이기는 하지만, 결국은 자신의 몇 가지 조건이 에세이 이전에 이미 '절반의 합격'을 결정합니다. 즉 남이 소유하지 못한 자신의 최고 장점 한두 가지가 중요한 포인트이고, 이것이 입학도 결정하는 셈입니다. 미국 교수들도 잘 아는 다국적 기업의 직원으로 졸업 후 회사로 복직하는 사람, 유학 후 복귀해야 하는 국가의 고위 관리들, 국가 장학금으로 유학하는 지원자들은 장래가 확실하므로 미국 대학에서 더 선호하게 마련입니다.

 같은 은행원이라도 20:1의 경쟁을 거쳐 선발됐고, 은행에서 장학금을 주고, 졸업 후에 다시 은행으로 돌아오는 사람을 선호합니다. 전체 은행원 출신 중 이런 조건을 가지고 있는 사람은 소수에 불과하고, 이들은 에세이를 읽기 전에 이력서를 통해 이미 지원자의 장점을 파악한 심사자가 1차 합격자로 점찍어 놓은 셈입니다. 장래 성장성이 커 보이는 외국인 지원자들은 해당 대학의 이름을 자국에 널리 알려 줄 후보이므로 우선적으로 선발합니다.

 이런 조건을 갖춘 지원자는 소수일 것입니다. 이런 조건을 구비하지 못한 유학생은 어떻게 할까요? 자신의 주어진 환경에서 최대한 자신의 스케일을 크게 보이는 것입니다. 이런 내용을 효과적으로 서술하는 에세이가 비로소 힘을 발휘합니다. 자신의 스케일을 확장시켜 줄 아이디어를 예로 들면 아래 같은 것들입니다.

- 동종업계의 다른 경쟁자와 비교해 자신의 직무(professional job)를 특화시킵니다. 금융업 종사자라도 해외 자본유치 담당, 환거래 담당 등 일반 은행원들이 경험하지 않은

분야에서 일한 경험을 내세워 다른 지원자들과 차별화시키는 방식입니다. 이런 후보들은 같은 금융계 출신이지만 일선 영업점에서 단순 업무를 취급한 지원자에 비해 합격에서 유리합니다.

- 현재 회사를 그만둔 상태이고, 졸업 후 미국에서 직업을 갖겠다고 하면 탈락의 확률이 높습니다. 이런 경우는 졸업 후 한국에서 자신이 목표로 하는 회사를 내세워, 해당 회사에서 자신이 맡을 업무와 역할이 무엇인가를 서술하세요. 이런 식으로 자신의 진로를 적극적으로 호소하면 중소기업 종사자나 소규모 기업에 복귀하려는 후보도 명문대 합격이 가능합니다.

미국 학생들의 에세이를 보면 창의적인 기획으로 회사에 큰 수익을 창출했다 등 자신의 업무 성과를 과시하는 경우가 많습니다. 에세이에서 자신감은 매우 중요합니다. 내가 없었으면 불가능한 일이었다고 주장하면 회사의 실적이 나의 실적이 될 수도 있습니다. 가능하면 긍정적으로, 적극적으로 서술하는 것이 합격의 비결입니다.

4. 두괄식으로 작성하자

에세이는 가능한 한 두괄식으로 작성해야 합니다. 우선 중요한 말부터, 결론부터 앞에서 시작해야 한다는 뜻입니다. 에세이를 두괄식으로 작성해야 하는 가장 중요한 이유는 미국 대학의 교수들이 한 학생의 에세이를 읽는 시간이 제한돼 있기 때문입니다. 학교마다 많게는 5-10편, 적게는 한두 편의 에세이를 요구합니다. 수천 명에서 많으면 수만 명이 지원하므로 심사자가 에세이 한 편을 읽는 시간이 길어야 5-10분이란 얘기가 정설입니다. 5분의 시간을 위해 학생들은 최소 두세 달의 시간을 투자하는 것입니다.

5분의 시간밖에 주어지지 않는다는 것은 교수가 나의 에세이를 다 읽지도 않는다는 것을 의미합니다. 그런데 대개 미괄식에 익숙한 우리나라 학생들은 서두에서 주절주절하다가 마지막에 가서 결론을 내는 스타일입니다. 이 경우 내용이 진부하면 중간에 심사자는 읽지 않게 되고 결국 내가 말하고 싶은 마지막 문장은 묻히는 식입니다. 이런 점을 고려해서 에세이는 철저하게 두괄식으로, 교수가 다 읽지 않는다는 전제하에 우선 중요한 말부터 시작해야 합니다.

문장을 예로 들면 "나는 대학을 졸업한 뒤에 대기업에서 근무하는 동안 대기업의 관료주의에 회의감이 들었다. … 한국의 대기업은 어떠어떠한 점에서 낙후돼 있어서 … 결론적으로 나는 어떤 벤처기업에서 어떤 분야에 종사하기 위해 이직을 결심했다." 같은 문장은 대표적인 미괄식입니다. 많은 한국 학생들은 이런 식의 문장 표현 방식을 사용하고 있으며, 대개 결론은 두 번째 페이지 마지막에 오게 됩니다. 이 경우 심사자들이 첫 번째 페이지도 다 읽지 않을 수 있습니다. 이런 문장은 시작을 "나는 대기업에 근무하는 동안 어떤 문제를 파악했고, 어떤 분야의 벤처기업으로 이직했다. 내가 이직을 결심한 이유는 대기업에 근무하는 동안 어떤 문제를 발견했고…" 등의 두괄식 문장으로 바꾸어야 합니다.

가능하면 전체 에세이뿐만 아니라 각 문단에서도 중요한 내용은 문단의 첫 문장에 담아야 합니다. 미국인들의 좋은 에세이는 완벽하게 이런 논리를 보여 줍니다. 미괄식에 익숙한 우리로서는 쉽지 않은 일입니다. 극단적으로 말하면 각 문단의 첫 문장만 남기고 다 지워도 전체 내용의 전달에 문제가 없어야 합니다. 두괄식으로 문장을 작성하는 것은 에세이의 가성비를 높이는 가장 효과적인 방법입니다.

5. 형식미를 갖추자

　첫 장의 제목을 '한국 학생 에세이 특강'으로 한 것은 우리나라 학생들의 에세이는 미국 학생들의 에세이와 다른 점이 있기 때문입니다. 대표적인 것이 작문력(writing skill)입니다. 초등학교 때부터 학기당 1과목의 작문 코스가 필수인 미국 학생의 경우 서론-본론-결론 형식이나 기승전결의 형식을 갖추는 데 반해 작문 수업이 빈약한 한국 학생의 경우 문장의 기본적인 요건을 갖추지 못한 경우가 많습니다.

　이런 에세이를 보는 미국 교수들은 아마도 에세이의 내용의 풍부함을 떠나 이런 학생은 기초적인 작문법부터 배워야 한다는 생각이 들기 마련입니다. "내용을 알차게 가다듬기 이전에 문장의 구조부터 제대로 배열하라." 이것은 많은 미국의 교수들이 외국 학생에게 던지는 충고입니다. 물론 우리나라 학생에게도 해당되는 말입니다.

　이 때문에 에세이는 최소한 서두, 본문, 결어의 형식에 따라 문장을 배열해야 합니다. 각 주제의 구분이 없고, 처음에 꺼낸 주제가 중간에도, 결말에도 반복적으로 튀어나오는 에세이는 읽는 사람을 지루하게 하고, 아무리 내용이 알차도 상대에게 좋은 인상을 주지 못합니다. 작문력이 좀 부족해도 도입-본론-결말의 형식미를 갖춘 에세이는 1차 심사는 통과할 수 있을 것입니다.

　특히 문장력이 부족한 학생은 짧은 문장, 짧은 문단에 주력해야 합니다. '그리고', '때문에' 등 접속사를 남발해서 한 문장을 5-10줄에 이르게 하는, 지루하고 장황한 작문은 읽는 심사자를 피곤하게 만드는 지름길입니다.

6. 에세이의 50%는 goal이 좌우한다

　대학원 에세이는 다양한 주제를 물어보는 경우가 많습니다. carrer and goal, leadership, team work, accomplishment, why our school, unique quality, family background 등등 여러 주제를 물어보지만 실제로 대학원 입학에서 결정적인 주제는 goal, leadership의 두 가지입니다. 나머지는 개인적인 성격을 파악하거나, 추후 동료들에게 학생을 소개할 때 도움을 주기 위해 묻는 정도입니다.

　에세이의 주제별 비중을 수치로 나타내면 goal이 50%, leadership이 30%의 역할을 차지하고, 나머지 short essay들은 20% 내외입니다. 일부 대학이 오직 goal, 한 가지를 물어보는 것은 이 점이 결국 합격을 결정한다는 뜻입니다. 이렇게 보면 전체 에세이를 작성하는 데 투자하는 시간과 노력도 goal에 절반의 시간을 할애해야만 성공적인 에세이 작업을 마쳤다고 말할 수 있고, 실제로 합격의 가능성을 높이는 것입니다.

　대학원의 합격은 남이 소유하지 못한 자신의 최고 장점 한두 가지가 중요한 포인트이고, 이것이 에세이 점수를 결정합니다. 일반 은행의 창구에서 일한 경력자가 은행을 그만두고 가면서 추후 컨설팅 회사에 간다고 하면 경영대학원에서 거의 뽑지 않습니다. 이런 경우는 졸업 후 goal을 직장에 복학하는 것으로 해서 단점을 커버해야 합니다. 특히 한국 학생들의 에세이는 직장을 그만두고 유학을 가서 졸업 후 다국적 기업에 입사하거나 창업한다는 논리가 많은데, 미국 교수들은 실현되지 않은, 불확실한 미래의 계획을 신뢰하지 않습니다. 미국인 지원자들의 경우 다수가 현재 회사에서 장학금을 받고 공부한 뒤에 원래 회사로 돌아가는 경우이기 때문입니다. 아래 지원자는 회사에서 유학을 보낸 인재로 졸업 후 진로가 보장된 학생이기 때문에 미국 대학이 가장 선호하는 타입입니다.

나의 Professional goals은 현재 내가 재직 중인 ××EDS의 미래 전략에 기반하고 있다. 나는 한국의 2대 시스템 통합업체인 ××EDS의 task-force team에서 e-Procurement 시스템 구축 Project을 담당해 왔다. ××EDS는 세계 최대 규모의 제조업 Vertical Marketplace를 구축하려 하는데, 내가 이런 e-Business 전략 추진에 가장 적합한 인재라고 보고, 올해 경영대학원 장학생 후보로 나를 선정했다. 따라서 나의 Professional goals은 단기적으로는 HHH business program에서 배운 지식을 바탕으로 ××EDS의 Vertical Marketplace가 성공적으로 구축되도록 돕는 것이며, 장기적으로는 ××EDS가 향후 그룹의 주력 사업으로 키울 Global Marketplace 회사의 CIO가 되는 것이다.

7. leadership이 30%를 결정한다

goal 다음으로 중요한 에세이 주제는 leadership입니다. 이 두 에세이가 각각 50%, 30%의 비중을 차지하기 때문에 리더십 케이스도 신중하게 작성해야 합니다. goal에서 교수들이 중시하는 항목이 carrer progress and future short and long term goals이라면, 리더십에서는 해당 학생이 구체적으로 어떤 leading skill and practices를 가지고 있는가를 알려고 합니다. 실제적으로 조직에서 어떤 팀이나 일련의 그룹을 이끌면서 터득하고 쌓아 온 리더십으로 인해 이 후보가 다른 후보에 비해 장래에 리더(기업의 CEO)가 될 소질이 우수하다고 판단하는 것, 이것이 리더십 케이스의 본질입니다.

리더십은 우선 실제적인 케이스를 통해서 터득했다는 것을 사실적으로 보여 주어야 합니다. 경력이 2년인 직원이 8명을 통솔했다거나, 아니면 팀장을 대신해서 자신이 모든 것을 리딩했다는 논리는 사실성이 떨어집니다. 이런 점에서 보면 경력이 4년 미만인 후보는 non managerial field라도 많은 팀원을 이끄는 역할을 했음을 보여 주는 것이 좋습니다. 고등학교 학생회장, 80명으로 이루어진 대학 서클을 통솔한 일, 군대 장교로서 사병을 이끈 경험 등이 대표적인 케이스입니다. 일부 대학은 경력이 짧은 후보의 경우 직장 외의 리더십 케이스를 기록하라고 요구하기도 합니다.

리더십 케이스에서 중요한 것은 또 다양한 리더십 경험을 통해 현재 내가 어떤 구체적인 leading skill이 있는가를 보여 주는 것입니다. 미국 대학이 요구하는 리더십은 Integrity, Empathy, Curiosity, Endurance, Creativity, Global awareness, Passion, Vision, Self-awareness, Communication and interpersonal skills 등입니다. 아래처럼 나는 이 중에서 어떤 실질적인 경험을 통해 어떤 리더십 skill이 있는지를 구체적으로 보여 주어야 합니다.

내가 직장 경험을 통해 얻은 교훈은 '리더는 포용적이어야 한다'는 점이다. 내가 ××Korea에서 2년간 project manager로 재임하는 동안 나는 11명을 이끌었는데, 이 중 6명이 나보다 연장자였다. 내가 마련한 최초의 정책은 매주 금요일 저녁 회사 인근의 카페에서 열리는 정기 간담회였다. … 이 간담회가 1년 정도 계속된 뒤에 우리 team 내부의 갈등은 거의 없다고 해도 과언이 아닐 만큼 좋은 분위기가 유지됐다. 나에 대한 불만이나 회사의 정책, 대우 문제 등에 대해서도 간담회에서 토론된 합의 사항에 따라 이를 수행하고자 노력했고 team member들은 나의 노력에 대해 높은 점수를 주었다.

8. accomplishment는 내가 이룩한 것으로

　대학원에서 주로 물어보는 significant accomplishment, accomplishment brings you the most personal satisfaction 등의 주제의 의도는 지원자의 accomplishment가 조직이나 팀원에게 어떤 영향을 주었는가입니다. 다음으로는 지원자가 이 accomplishment로 인해 어떤 경험을 얻었는가, 이 경험이 나의 인생관, 나의 행동, 나의 사고방식에 어떤 영향을 주었는가도 중요합니다. 결론으로는 이로 인해 나는 현재 어떤 사람이며, 남보다 어떤 점에서 독특한 성향을 가지고 있다는 논리로 서술해야 합니다. 이 주제는 타인과 사회에 영향을 주는 사회성, 타인과 사회에 도움을 주는 유익성의 두 가지 조건을 구비하면 좋습니다.

　나에게만 영향을 준 업적, 한두 명의 팀워크로 이룬 성취, 소수의 구성원에만 영향을 준 업적은 사회적 기여도가 낮다는 점에서 높게 평가받지 못합니다. 사법고시 합격은 자신의 accomplishment 중 하나가 될 수 있지만, 이후 변호사로서 사회에 긍정적인 영향을 준 활동이 추가되면 더욱 좋은 personal and professional accomplishments 케이스입니다. 자격 시험 합격, 대학 수석 졸업, 만점의 학점 등 타인과 비교해 탁월한 업적들은 빠짐없이 언급하는 것이 좋습니다.

　accomplishment는 가능한 한 직장에서 사례를 선정하는 것이 중요한데, 경력이 4년 미만인 경우는 직장에서 사실상 중추적인 역할을 하지 못하기 때문에 큰 점수를 받지 못합니다. 이런 경우에는 사회에 봉사한 케이스, 작지만 남을 도운 케이스를 한두 가지 소개하고, 직장의 케이스를 소개하는, 다양화 전략도 필요합니다. 봉사 활동, 교회 활동, 직장에서 동료를 돕는 모임 활동 등도 가능한데, 너무 형식적이지 않은, 진정한 나만의 케이스를 선정해야 합니다.

accomplishment의 중요한 요소 중 하나는 다양성입니다. 가능하면 두세 케이스 이상의 개인적, 업무적, 사회적 업적을 보여 줄 수 있어야 합니다. 다양한 재능을 가진 사람이 리더가 될 수 있기 때문에 이런 재능이 있는 사람을 대학원은 선호합니다. 일부 대학은 in professional field에서의 accomplishment를 요구하는데, 내가 주도한 성취, 내가 결정적으로 어떤 역할을 한 사례, 실패를 성공으로 이끈 경험을 소개해야 합니다. 아래 에세이처럼 자신의 개인적, 직업적 업적을 고루 보여 주는 것이 좋습니다.

나는 한국에서 가장 낙후된 섬 출신으로 매일 3시간씩 배를 타고 인근 도시의 중고등학교에 다녔다. 나는 한국의 3대 명문 대학교를 전액 장학생으로 입학해 4년간 생계와 학비를 모두 스스로 해결하면서도 매 학기 학점을 거의 만점으로 유지했고, 학생회 등 5개의 서클에서 활동했고, 아르바이트로 마련한 경비로 1년간 미국 교환학생까지 경험했다. 이런 나의 성취는 내가 남은 인생의 도전에서도 승리할 수 있음을 보여 주는 증거이다. 나의 직업적인 성취는 현 직장인 ××가 기업의 전자 문서화를 위해 1년간 구축한 ×× project이다. … 이 일은 전자 문서와 관련해서 한국에서는 최초로 받은 인증이라는 점, 이후에 ×× 등 한국의 주요 기업들이 인증 획득에 나섬으로써 전자 결재에 대한 기업과 사회의 관심을 불러일으켰다는 점에서 나의 최고의 업적으로 간주하고 싶다.

9. unique quality는 나만의 것으로

수십 대 일의 경쟁을 보이는 top schools의 경우 선발된 학생은 다른 지원자와 비교해 탁월한, 개인적인 장점 혹은 특성이 있습니다. 토플 등

시험 점수나 학점은 결정적인 선발 기준은 아닙니다. goal 에세이에서 그동안 경력과 성장성 등으로 1차 결정을 내리고, 나머지 항목을 점검합니다. 이때 교수는 학생의 독창적인 unique qualities를 가장 중시합니다.

unique qualities나 life experiences를 물어보는 에세이의 핵심은 'unique'입니다. 심사자는 수많은 후보자 중 다른 사람과 다른, 지원자의 어떤 특성이 동문들에게 도움이 되는가를 알고 싶어 합니다. 대가족 장남으로 성장해 책임감이 있거나, 외국에서 오래 거주해 문화 이해도가 높거나, 결손 가정이라는 약점을 극복하고 남을 돕는 일에 앞장서거나, 국가의 정보 요원으로 정보 흐름에 익숙하거나, 선물 펀드매니저로 국제 금융 정세에 능통하거나, 고위 공무원으로 행정부서에 인맥이 넓거나, 국가나 사설 장학금으로 유학하거나 등등 다른 후보와 다른, 나만의 특성을 열거해야 합니다. 아래처럼 타인과 비교되는, 자신의 능력을 핵심적인 용어를 동원해서 보여 주는 것이 이 질문의 핵심입니다.

지난 4년간 ××에서의 나의 경험은 다음 세 가지로 categorize될 수 있다. 첫째, Technology Strategy이다. 이는 기술의 잠재성을 예측하고, 회사에 도입하기 위한 전략을 수립하고 실행하는 과정이다. 이 과정을 통해 나는 기술을 경영적인 관점에서 보는 know-how를 익히게 되었다. 둘째, System Engineering Process의 개발과 전파이다. 이 업무를 통해 나는 대규모의 작업을 체계적으로 접근하는 방법은 물론, 자원개발, 재무, 홍보 등 각 방면에서 프로젝트를 management하는 know-how를 익혔다. 셋째, System Integration(SI)이다. SI를 통해서 나는 업무를 시스템으로 전환시키는 analysis and design 능력은 물론, Server, Database, Programming Language와 같은 기능 단위의 IT에 대해서도 hands-on knowledge를 가질 수 있게 되었다.

10. 지원 사유는 구체적으로

지원 사유(why this school)를 꼭 물어보는 대학은 해당 학교에 지원하는 이유가 중요한 점수를 차지합니다. 이런 대학의 에세이를 작성할 때는 왜 내가 너희 학교를 선택했는가를 구체적으로 보여 주어야 합니다. 석, 박사는 자기소개(autobiograpical essay)보다는 연구계획(statement of purpose)이 중요합니다. 자신의 연구 분야, 앞으로의 연구 분야, 앞으로의 장래 계획, 상대 학교에 지원하는 이유를 필수적으로 써야 합니다. 각 대학별로 쓸 수 없다면 어떤 분야를 공부해서 어떤 직업에 종사한다는, 최소한의 미래 계획을 알려 주어야 합니다. 해당 학교 인터넷 사이트에서 해당 학교의 특정 프로그램, 특성을 언급하고 해당 학교에서 어떤 것을 공부하려고 간다는 것을 보여 주는 최소한의 성의 표시를 해야 합니다.

한국 학생의 지원 사유의 특성은 형식적이라는 것입니다. 인터넷 사이트에서 간단한 해당 학교의 정보를 찾아서 기록하는 스타일이 대부분입니다. 지원 사유의 핵심은 학생이 해당 학교를, 해당 프로그램을 얼마나 정확히 알고 오는가를 보는 것입니다. 해당 학교의 동문에게 소개받았다거나, 친지나 가족 중에 해당 학교 출신이 있다거나, 해당 학과를 졸업한 선배로부터 자세히 이야기를 들었다거나, 어학연수를 해당 학교에서 했다거나 등등 구체적인 이유를 기록해야 합니다. 각 학교의 인터넷 홈페이지를 제대로 뒤지고, 커리큘럼까지 자세히 살펴봐야 합니다. "투자분석가의 꿈을 키워 왔기 때문에 재무가 가장 강한 와튼스쿨에 지원하게 됐다."라는 진술은 누구나 쓸 수 있는 말입니다. 재무 중에서도 어떤 분야에 관심이 있는지를 밝히고, 그와 관련된 와튼의 상대적인 장점을 열거해야 합니다.

  미국 대학은 외국 유학생이 자기 학교 출신을 통해서 자기 학교에 대해 정확히 알고 오는 경우를 선호합니다. 아이비리그 대학의 경우 원서를 작성할 때 가족이나 친지 중에서 자기 대학 졸업자의 이름을 기록하게 돼 있습니다. 자기 학교의 졸업자가 가족 중에 있으면 자기 학교를 정확히 알고 온다고 보는 것이므로 학교 입학 시에 우대하려는 의도입니다. 먼저 졸업한 사람이 어떤 이유로 너희 학교를 추천했다거나, 너의 동문을 사업상 만났는데 어떤 이유로 너희 학교를 추천했다는 식으로 진술하는 것도 좋은 방법입니다.

11. Background는 흥미로운 소재로

  Background or family background는 나 자신 혹은 나의 가족에 대한 묘사입니다. 개개인이 성인으로 성장할 때까지 가장 큰 영향을 미치는 것은 가족이기 때문에 미국 대학은 특히 학부생의 경우 가족적인 배경에 대해 알고 싶어 합니다. 가족의 성장사와 배경을 보면 지원자가 어떤 환경에서 자라 왔는가를 판단할 수 있고, 지원자가 어떤 성격, 어떤 특성의 소유자인가 하는 것에 대한 판단을 내릴 수 있습니다. 그런데 이 질문에 대한 한국 학생들의 에세이는 대부분이 사소하거나 진부한 에피소드 중심으로 보여 주는 경향이 있습니다. 평범한 가족의 일상적인 이야기를 나열하는 경우도 있어 중학생의 일기를 연상시키는 글도 있습니다.

  이런 질문에 답할 때는 가능한 한 자신의 성장 과정 중에서 개인적, 사회적 의미가 있거나, 타인으로부터 공감을 얻을 수 있는 스토리를 언급해야 한다는 점입니다. 아버지의 직업, 가족의 일상, 결혼 생활 등등 일상적인 에피소드로는 심사자의 흥미를 끌 수 없습니다. 이런 진부한 소재는 빼고, 심사자의 관심을 끌 수 있는 소재를 한두 개 선택해서 집중적으로 보여 주어야 합니다.

미국인이 자수성가한 인물을 이상형으로 여긴다는 것은 널리 알려진 사실입니다. 미국 영화나 드라마에서는 남들이 못하는 분야에 도전하고, 주어진 선천적인 역경을 극복하고, 불가능을 가능으로 이끈 사람들의 이야기가 주요 소재입니다. 일론 머스크처럼 가난한 환경에서 태어나 명문 대학을 졸업해 창업자가 된 사람들, 장애를 극복하고 성공한 유명 인사들의 이야기를 미국인은 높이 평가합니다. 이런 역경을 거쳐 온 사람이면 추후 더 큰 역경도 이겨 낼 수 있고, 이런 후보가 유능한 동문이 될 자질이 있다고 판단합니다. 이런 에세이를 통해서는 성장 과정에서 내가 얻은 도전 정신과 자립심, 이런 자질들이 사회와 직장 생활에 미친 영향, 이 결과 현재 내가 지닌 리더십과 장점을 잘 드러내야 합니다.

12. Describe yourself는 자신의 이야기다

이 질문은 "Who you are?"를 묻는 것으로 지원자가 어떤 사람인가(어떤 성격의 소유자인가, 어떤 가치관을 중시하는가, 어떤 인생을 걸어온 사람인가 등)를 보려는 의도입니다. 앞서 설명한 (Family) background라는 주제가 지원자의 성장과 인격 형성에 영향을 준 주변의 상황을 물어보는 것에 반해 Describe yourself 주제는 현재 지원자가 소유한 캐릭터, 장점, 특성에 관심이 있습니다.

이런 질문에 대해 한국 학생들은 자신의 직장에서의 성취, 자신이 이룬 업적(고시 합격, 서울대학 합격 등), 남을 도운 이야기, 좋아하는 스포츠, 자신의 취미나 특기 등을 서술합니다. 이런 에세이는 경력 같은 딱딱한 소재보다는 미래의 동료들에게 나는 어떤 사람인가를 설명하라는 의도도 있습니다. 때문에 자신이 마이클 조던을 좋아하는 농구광이라던가, 1년에 100편의 비디오를 즐기는 영화광이라던가, 등등의 소재를 선정해도 되지만, 이런 소재가 다른 후보에 비해서 자신의 장점을 부각시킨다고 보기는 어렵습니다. 이런 특기나 취미는 누구나 가질 수 있는 것이고 내가 이룬, 나만이 소유한 특성은 아니니까요.

이런 질문에 대한 에세이는 독창적인 일화, 자신의 특성을 잘 드러내는 소재, 타인에 비해 상대적으로 강한 사례를 보여야 합니다. 수천 명의 지원자가 이 질문에 대해 어떤 답을 낼 것인가를 생각해 보고 이들과 달리 나 자신만의 이야기를 보여야 합니다. 여성으로서 사회적인 편견을 경험했기 때문에 성장해서는 편견 없는 세상을 만드는 단체에 가담해 활동 중이라거나, 해외의 오지에 파견돼 인류에 기여하는 소명 의식으로 산다거나 등등의 소재가 좋은 예입니다.

일부 대학에서 물어보는 What most to you?, Significant metamophosis 등도 Describe yourself와 유사한 에세이 질문입니다. 당신에게 가장 소중한 것이나, 가장 중요한 변화의 경험은 Who you are?과 같은 맥락에서 지원자의 가치관, 인생관, 현재의 모습, 미래의 목표를 묻고 있는 것입니다.

13. Outside of work는 공익성이 중요하다

 Outside of work는 학생이 학교와 직장 외에 다른 분야에서 어떤 활동을 하고 있는지를 알고 싶어 하는, 미국 대학들의 고전적인 질문 중 하나입니다. 이 질문에 대해 한국 학생뿐만 아니라 미국 학생들도 다수가 자신의 사회 활동이나 봉사 경험을 소개합니다. 미국인들은 어려서부터 자신이 속한 지역사회에서 일정한 봉사를 기본으로 요구합니다. 이런 이유로 초등학교부터 고등학교 졸업 시까지는 사회 참여 활동이 학교 졸업 요건으로 요구되고, 대학에서도 대외 활동이 없는 학생은 가능한 한 뽑지 않습니다.

 이 에세이 작성 시 한국 학생들의 일반적인 경향은 형식적으로 봉사 활동 실적을 나열하는 것입니다. 소개하는 케이스도 장애아 돕기 참여, 교회에서의 의무 봉사 활동, 자선기금 모금 등 평범한 사례가 많습니다. 중요한 점은 자신뿐만 아니라 사회나 조직에 가능한 한 긍정적인 영향을 미치는 사례를 소개해야 합니다. 자기 홀로 즐기는 영화 관람이나, 가족끼리 즐기는 오락 등은 가능한 한 피해야 합니다. 이 에세이에서는 자신의 인생관, 가치관에 긍정적인 영향을 미친 개인적, 사회적 활동을 통해 자신의 장점을 보여 주는 것이 중요합니다.

14. Option은 불합격을 합격으로 만든다

　대부분의 대학들은 에세이 질문에서 옵션 항목을 두고 있습니다. 대학에서 요구하는 질문 외에 학생들이 별도로 하고 싶은 내용을 쓰라는 뜻인데, 이 옵션 에세이에 대한 의견은 에세이 전문가들 사이에서도 의견이 다양합니다. 우리나라 학생들의 경우 가능한 옵션을 기록하려는 경향이 강합니다. 에세이 가이드북이나 합격자 후기들이 옵션 에세이를 활용하도록 충고하고 있어 유학생들은 옵션을 쓰려는 경향이 강합니다. 옵션 에세이에 대해 미국 대학의 교수들이나 에세이 교정자들 사이에 일치하는 몇 가지 공통점은 아래와 같습니다.

　첫째, 옵션 에세이가 주어지는 취지를 이해하라는 충고입니다. 옵션 에세이는 가산점이 되는 장점의 제출이나, 지원자의 약점을 보완하는 용도로 제공됩니다. 합격에 도움이 되지 않은 소재, 입학과 무관한 내용의 나열은 전체 에세이를 장황하게 만듭니다.

　둘째, 평범한 이야기, 단순한 소재는 작성하지 않는 것이 간결한 에세이 제출에 도움이 됩니다. 단순한 여행담, 소설을 베낀 것 같은 사례, 미사여구의 수필식 문장, 화려한 이론을 인용해서 사회 현상을 논평하는 식의 에세이는 장황한 글이라는 부정적인 이미지를 줍니다.

　셋째, 가능한 한 짧게 작성하라는 것입니다. 심사자들은 시간이 없어서 옵션 외의 에세이도 다 읽지 못하는 경우도 많습니다. 학부 교수들은 지루한 에세이는 읽다가 팽개치거나, 사오 분 만에 속독하는 경우도 있다고 밝히고 있습니다. 이런 점을 고려해 옵션은 20줄 미만으로 간략하게 작성해서 심사자가 읽도록 유도하는 것이 더 효과적입니다.

　넷째, 특별히 자신의 합격에 도움이 되는 추가 사항이 없으면 다른 대학에서 작성한 에세이 중에서 좋은 내용을 옵션으로 활용하라는 것입니다. 일부 대학은 다른 대학을 위해 작성한 내용을 자기 대학의 옵션으로 소개하도록 권유하고 있습니다. 학생들이 여러 학교를 지원하는 미국 대학의 경우 다른 대학에 낸 에세이를 자기 대학의 에세이 옵션으로 활용하도록 허용하는 것이 당연하다고 봅니다. 옵션은 특이한 장점이 아니면 오히려 에세이의 가치를 떨어뜨릴 수 있습니다. 아래처럼 자신이 회사에서 선정된 장학생이고, 졸업 후 진로가 확실하다는 것을 보여 주는 옵션이 불합격을 합격으로 바꿀 수 있는 좋은 예입니다.

내가 참여한 ×× 교환 학생 프로그램은 미국의 ××가 주관하는 것으로 미국 ×× University 전체에서 한 해 5명 정도를 선발한다. 나는 TOEFL 610 이상의 자격을 갖춘 응시자들 중 영어 구술 면접을 거쳐 19대 1의 경쟁으로 선발돼 1년간 ×× 대학교에서 discussion & presentation 과정을 3.91/4.0의 성적으로 이수했다. 이 경험은 졸업 후 내가 ×× 회사에서 7명의 다국적 출신 동료들과 함께 외국 기업을 상대로 presentations & negotiations을 성공적으로 이끄는 데 결정적인 도움을 주었다.

PART 3
학부 에세이, 대학원 SOP 작성법

1. 미국 대학이 에세이·SOP에서 요구하는 5대 요소

UC-Berkeley의 에세이 지침서를 기준해 보면 아래와 같은 5대 요소가 미국 대학 에세이에서 중요합니다.

A) (작문력). Essays are evaluated for writing ability. 이것은 작문력이 필요하다는 의미입니다. 장황한 부연 설명이나 불필요한 내용이 많으면 읽는 교수가 혼란스럽기 때문에 writing skill을 발휘해서 명료한 문장을 만들라는 뜻입니다.

B) (정확한 구성). Skill in organizing. 기승전결 등 구성이 분명해야 한다는 뜻입니다. 구성이 혼란스러우면 학생이 말하는 요지를 교수가 파악할 수 없으므로 서론, 본론, 결론 등 structural skill을 발

휘해서 논리정연하게 내용을 배치하라는 뜻입니다.

C) (사실 제시). Presenting thoughts and substance. 근거가 정확해야 한다는 뜻입니다. 말로만 주장하지 말고 구체적인 case, accomplishment, fact를 통해서 증거를 보여 달라는 뜻입니다.

D) (장단점 중심). Strengths and weaknesses. 다른 학생과 구별되는 자신의 독특한 장점, 단점을 집중적으로 보이라는 뜻입니다. 과거 학력, 경력, 성장 배경을 연대순으로 보여 주거나, 잡다한 사실들까지 모두 보여 주지 말고 다른 학생에 비해서 탁월했던 장점들만 골라서 보여 달라는 뜻입니다. 심사자는 지원자들의 장점을 비교해서 가장 탁월한 strengths가 있는 지원자들을 우선 선발하게 됩니다.

E) (학교 기여도). Know your contribution to the School. 지원자의 장점이 이 학교 동료들에게 어떤 도움이 되는지를 보여 줄 수 있어야 합니다. 학교나 동료들에게 도움이 되지 않는 strengths는 나열해도 합격에 도움이 되지 않는다는 뜻입니다.

위의 문장으로 보면 첫째, 에세이를 쓸 때 가장 중요한 점은 다른 지원자에 비해 뛰어난 소재(지원자의 강점, strength)를 선정하는 문제입니다. 경쟁력이 높은 대학일수록 SOP나 에세이 점수의 50%를 소재 선택이 좌우합니다. 소재가 좋은 에세이가 문장력만 화려한 에세이보다 훨씬 합격에 유리합니다.

대학 수석 졸업, 우수한 자격증, 각종 대회 우승 경력, 환경 운동 활동, 오지 자원봉사 경험 등 다른 사람과 다른 나만의 강점을 가능한 한 많이, 다양하게 보여 주어야 합니다. 예술, 체육, 사회 활동, 직업, 학계 등 다양한 분야에서 내가 남보다 더 적극적으로 활동한 것을 보여 줄수록 합격에 유리합니다. 이것이 미국의 대학들이 흔히 물어보는 diversity이고 이 다양성이 class에 contribution하므로 이런 학생을 선발합니다. 이런 점에서 SOP나 에세이를 작성할 때는 질문에만 기계적으로 답하지 말고, 다른 지원자에 비해 특화된 나만의 자질을 보여 주어야 합니다.

둘째는 정확한 구성(structure)과 정교한 문장력(writing skills)입니다. 기승전결이 모호한 에세이, 문단 구성이 잘못된 에세이는 아무리 정성들여 작성해도 감점 대상입니다. 때문에 불필요한 부분은 과감히 삭제하는 자세도 필요합니다. 불필요한 내용의 삭제를 통해서 꼭 필요한 내용만을 포함한 에세이를 만드는 것이 중요합니다. 기승전결의 흐름, 단문 형식 등 미국 에세이에서 기본으로 요구되는 원칙을 적용하고, 읽는 사람이 부담이 없도록 유머러스한 표현, 쉬운 용어 등을 섞어 쓰는 문장력을 발휘해야 합니다.

2. 한국 학생 에세이에서 주의할 점들

한국 학생의 에세이는 서두를 장황한 주변 이야기, 지원자가 아닌 남의 이야기, 철학적인 문장으로 시작하는 경우가 많습니다. 심사자들이 에세이를 끝까지 안 읽는다는 점을 명심하고, 중요한 요점을 앞으로 끌어내 보여 주는 두괄식 배치가 필수입니다. 특히 석사나 박사과정 지원자는 해당 학교 지원 사유와 goal이 중요하므로 어린 시절의 이야기로 시작하지 않아야 합니다. 학부 에세이 역시 서두에서 어린 시절의 이야기를 나열하면 교수가 흥미가 떨어지고 에세이를 끝까지 읽지 않습니다. 심사자는 지원자가 무엇을 공부하러 오는가, 왜 자기 학교를 선택했는가를 궁금해합니다. 대학원 지원자의 경우 경력 등 현재의 이야기가 전체의 80% 이상이어야 하며, 고등학교 이전의 이야기는 특별한 내용이 아니면 가능한 한 피해야 합니다.

에세이 내용에 잠언 같은 미사여구나 주변 상황에 대한 묘사가 많은 것도 문제입니다. 에세이는 자신에 관한 이야기만으로 채워야 합니다. 유명 인사의 명언, 한국 현실과 국제 정세, 경제와 산업의 현황 등 나와 관련 없는, 주변의 이야기는 모두 삭제해야 합니다. 미국에서는 남의 이야기로 채워진 이런 글을 boy scout 에세이라고 부릅니다. 에세이에서 가장 중요한 원칙은 나의 이야기만을 기록한다(개인성), 실천되지 않은 미래의 이야기가 아니라 이루어진 내용을 기술한다(구체성)는 것입니다.

도전과 적극적인 자세 등의 용어는 한국 학생들이 많이 사용하는 것인데, 너무 진부하므로 가능한 한 구체적인 능력 위주의 표현으로 바꾸어서 차별화하세요. 어느 교수가 한국 유학생의 에세이에 자주 등장하는 단어가 "the spirit of challenge"라고 했다고 합니다.('spirit of challenge' is awkward. I see this phrase a lot from Korean students, but it doesn't work in English.) 동양인들은 the spirit of challenge 등의 관념적인 용어를 너무 남용하는데, 미국인들은 이런 관념적인 단어 위주의 구성을 기피합니다. 실제 합격한 미국인들의 에세이를 보면 도전 정신 같은 표현이 없습니다.

경력을 서술하는 경우에도 이력서 항목 같은 경력 사항의 나열이 아니라 이런 경험을 통해 내가 배운 skill 위주로 보여 주세요. 경력이 10년이라도 배운 것이 없으면 신입 사원과 같습니다. 경력의 흐름이나 기간이 중요한 것이 아니라 무엇을 배웠느냐가 중요합니다. 한국 학생의 에세이에서는 특히 지원자가 수행한 프로젝트나 회사에 관련된 부연 설명이 너무 많습니다. 프로젝트 설명이 아니라 해당 프로젝트에서 나의 역할, 내가 세운 업적, 프로젝트의 사적, 공적 의미 등이 중요합니다. 이 때문에 사업 보고서 같은 프로젝트 설명은 모두 삭제해야 합니다.

한국 학생은 자신의 성장사를 장황하게 소개하는 반면 미국 학생은 지원하는 학교, 연구 주제에 대한 부분이 전체 에세이의 절반 이상입니다. 에세이에서 이 부분이 합격을 좌우하는 결정적인 요소입니다. 특히 대학원의 경우 지원하는 과정이나 학과의 커리큘럼을 정확히 안다는 것을 보여 주지 못하면 상대 교수는 학생이 여기저기 원서만 넣고 있다고 보아 선발하지 않습니다. 미국 대학원 지원자들은 해당 학교의 지원 사유만으로 SOP를 작성하는 경우도 있습니다. 학교별로 홈페이지에서 해당 학교, 학과의 특성을 정확히 파악한 뒤에 각 학교의 환경, 아는 교수, 내가 공부하는 분야와 일치하는 교수 이름, 한국에서 추천해 준 교수, 학교를 알게 된 동기, 선배가 재학 중이라는 등 어떤 이유든지 해당 학교를 선택한 이유를 상세히 기록하세요. 에세이를 한 편만 작성해서 모든 대학에 보냈다는, 무성의한 느낌을 주어서는 안 됩니다.

석박사는 Statement of purpose, 즉 연구계획서입니다. 학부생이 주로 작성하는 Autobiograpical essay는 자기소개서로 SOP와 다릅니다. 자신의 지금까지 연구 분야, 앞으로의 연구 분야, 장래 계획, 상대 학교 지원 사유를 필수적으로 써야 합니다. 각 대학별로 쓸 수 없다면 어떤 분야를 공부해서 어떤 직업에 종사한다는 최소한의 미래 계획을 알려 주어야 합니다. 해당 학교 인터넷 사이트에서 해당 학교의 특정 프로그램, 특성을 언급하고 해당 학교에서 어떤 것을 공부하려고 간다는 것을 보여 주어야 합니다. 아래에서는 에세이를 보다 구체적으로 해부해서 작성법을 소개합니다.

(1) 도입부(introduction)

서두에서 가장 중요한 것은 eyeball 효과입니다. 교수가 관심을 가질 소재를 첫 문장에서 보여야 합니다. 수백, 수천 개의 에세이를 보아야 하는 교수들은 우선 논리적, 구성이 좋은 에세이를 먼저 골라내려고 합니다. 또 각 에세이의 1차 평가를 몇 분 내에 끝내고 잘 쓴 에세이들만 다시 보는 경향이 있습니다. 이런 점에서 서두는 중요한 말부터 하고 감상적인 표현들은 마지막 부분에서 보여야 합니다. 교수들이 전체 학생의 에세이를 끝까지 다 읽지는 않는다는 점을 명심해야 합니다.

예를 들어 '나는 이제 최선을 다할 준비가 돼 있다' 식으로 시작하는 문장은 나에게 고유한, 나에게만 해당하는 문장이 아닙니다. 이런 표현은 영화, 소설, 드라마, 신문 등 일상생활에서 너무 흔하게 나오는, 진부한 어휘들입니다. 교수가 비슷한 문장을 신문이나 인터넷에서 흔히 접하기 때문에 에세이에서 같은 문장을 읽으면 eyeball이 되지 않습니다. 때문에 미국인들의 에세이의 경우 통상적으로 첫 문장은 반드시 나에게만 해당하는 독특한 소재를 소개합니다.

대학원의 경우 특히 학력, 경력 등 현재의 이야기가 전체의 80% 이상이어야 하며, 고등학교 이전 시절의 이야기는 특별한 내용이 아니면 가능한 쓰지 않아야 합니다. 내가 공부할 분야, 나의 strengths 등 보여 줄 것도 많은데, 10-20년 전의 어린 시절의 이야기는 교수가 거의 관심이 없는 내용입니다. 서두를 중요하지 않은 어린 시절의 이야기로 시작하는 에세이를 교수는 기피하는 경향이 있습니다.

한국 학생의 경우 서두에서 토플 등 점수가 부족하다고, 호소형, 읍소형으로 시작하는 에세이를 쓰는 경우가 있는데, 이것은 미국인들이 싫어하는 글쓰기 스타일 중의 하나입니다. 안 되는 제도를 되게 해 달라고 애걸하는 글은 미국식 사고방식으로는 이해가 안 되는 것입니다. 가급적 호소형 표현으로 시작하지 말고, 나의 환경이 어떠어떠하니까 어떤 점을 이해해 달라는 식으로, 설득하는 표현으로 해야 합니다. 특히 자신에게 불리한 내용을 시작부터 드러내는 에세이는 피해야 합니다. 에세이는 자신의 장점을 보여 주는 것인데, 구태여 지면이 제한된 에세이에서 단점까지 나열해서 합격에 불리해질 이유가 없습니다. 단점은 원서에서 물어보는 경우만 답변하면 됩니다.

(2) 학력·경력(background and strength)

　Educational background and career는 연도순으로 무엇을 했다는 관점이 아니라 이런 학력, 경력을 통해서 어떤 qualities and strength를 얻었다는 관점으로 서술해야 합니다. 아무런 자질(qualities), 장점(strength and talents)을 보이지 못하는, 단순히 과거 사실의 나열은 심사자의 흥미를 끌지 못합니다. 이런 항목은 이력서에서 보여 주어도 되고 에세이나 SOP에서는 이력서에서 설명하지 못한 나의 qualities and strength를 설명하는 것이 주요 목적입니다.

　따라서 이 항목에서는 학생이 다른 후보에 비해 유학에 도움이 되는 어떤 knowledge and experience을 쌓아 왔는가를 집중적으로 드러내야 합니다. 내가 다른 지원자에 비해 어떤 talents and strengths를 가지고 있는가가 중요하고 합격을 좌우합니다.

　특히 교수가 학력, 경력에서 후보자의 우수성을 판단하는 기준은 학생이 이룩한 업적(accomplishment)입니다. 따라서 학력, 경력을 소개하는 부분에서는 그동안 지원자가 이룬 성취(achievement and accomplishment)를 구체적으로 기술해야 합니다. 다른 지원자가 이루지 못할 정도의 accomplishment가 많을수록 talented person and leader로 간주돼 합격에 유리합니다. 이때 업무나 프로젝트의 전개 과정을 세세하게 보여 줄 필요는 없고, 과거 경험에서 구체적으로 남과 다른, 나만의 어떤 skill을 배웠고, 이 skill이 현재, 또는 미래의 나의 능력에 어떤 영향을 줄 것인가가 중요합니다. 미국 교수들이 경력을 통해 보려고 하는 skill의 예는 아래 같은 것들입니다.

- strategy and management skill: 기업의 인사부, 기획부에 근무하거나 창업 경험이 있으면 전체적인 회사의 운영 능력, 각 소속원들에 대한 관리 능력이 뛰어납니다.
- leadership and teamwork: 직원을 많이 통솔했거나, 팀 단위로 일하는 프로젝트 경험이 많으면 리더십, 팀워크 능력이 상대적으로 다른 후보보다 뛰어나다고 봅니다. 개업한 의사나 약사 등은 혼자서 일하는 경우가 많으므로 이런 능력에서 불리합니다.
- finance and analytical skills: 재무나 회계 전문가로서 배운 재무 경험과 분석 능력입니다. 회계사, 기업의 재무 담당들은 영업 직원에 비해 이런 능력이 뛰어나다고 봅니다.

(3) 전공 선택 이유(why this major)

현재 교수가 가장 알고 싶은 것은 지원자의 과거 이야기보다는 앞으로 이 전공 분야에서 세부적으로 어떤 연구(concentration)를 하고자 하는지입니다. 특히 학력이나 경력 배경이 앞으로 전공할 분야와 다른 지원자의 경우, 왜 전공을 바꾸었으며, 어떤 점에서 지원자가 새 전공을 수행할 수 있는 academic and professional background를 가지고 있는가를 집중적으로 설명해야 합니다. 이때 주의할 점은 자신이 어떤 분야가 부족하니까 해당 전공을 공부한다는 식으로 기술해야 합니다. 만일 자신이 해당 전공 분야에서 완벽하다면 구태여 미국 대학이나 대학원에서 그 분야를 공부할 필요가 없으니까요. 미국 교수들의 교육관은 해당 분야에 지식이 부족한 사람에게 지식을 높여 주는 것이므로 이미 배운 사람은 구태여 유학을 오지 않아도 된다는 식입니다. 이런 입장에서 미국의 많은 대학들은 대학 졸업장이 있는 사람은 대학에 다시 받아들이지 않고, 박사학위자의 경우 동일 전공의 박사과정으로 다시 받아들이지 않습니다.

예를 들어 "내가 대학원 재학 시절에 researcher로 참여한 암 유전자 연구 project는 이 분야에 대한 구성원들의 지식과 경험 부족으로 실패로 끝났다. 이 경험을 통해 나는 전문 분야의 researcher가 되기 위해서는 AAA 등에 대한 in depth theoretical and research base background가 필요하다고 느꼈다. 다른 한편으로 나는 'Biostatistics 없이는 유전자 지도도 없다'라는 사실을 깨닫고 이 분야에 대한 지식 탐구에 몰입했다. 그 결과 이 분야에 대한 hands-on learning을 얻는 데는 ×××program에서 공부하는 것이 가장 효과적이라고 판단해 지원을 결심했다."라는 식의 구성과 논리로 기술하면 무난합니다.

(4) 연구 분야(area of study or research interest)와 학교 지원 사유(why your school and your program)

대학원에서는 Your particular area of specialization within the graduate program을 주로 물어봅니다. 이것은 대학원에서 세부적으로 연구할 research interests를 기술하라는 것인데, 학부 졸업생은 구체적인 research interests가 없는 경우도 있습니다. 대학원의 경우는 이 부분에서 내가 앞으로 참여할 project와 지도 교수가 될 사람을 적극적으로 보여 주는 것이 일반적입니다. 미국 대학의 석, 박사과정은 research

과정입니다. 수업을 듣는 것이 아니라 산학 프로젝트나 특정 주제의 연구 프로젝트에 투입돼 research를 하는 과정이므로 입학하기 전에 내가 이 학교에서 연구하거나, 참여할 특정 연구 주제나 프로젝트가 이미 어느 정도 결정돼 있어야 합니다.

예를 들어 에세이 토픽에서 세 명의 연구 교수에 따른 area of interest, 이 연구의 목적과 예상되는 연구 결과까지 명시하라는 대학도 있습니다(Select minimum of three UM faculty whose research interest you, clearly indicate area of interest, goals of research and accomplishments from the research). 이때 해당 대학의 특정 교수를 언급하는 것은 장, 단점이 있다고 한국 학생들은 알고 있습니다. 일반적으로는 해당 교수가 자신의 research interest에 확실히 일치하면 언급하는 것이 도움이 되고, research interest가 정해져 있지 않으면 언급하지 않는 것이 가장 좋은 방법이라고 봅니다.

석사, 박사 에세이에서 미국 대학 교수들이 보는 가장 중요한 요소는 왜 그 대학을 택했느냐입니다. 해당 학교의 커리큘럼을 정확히 안다는 것을 보여 주지 못하면 상대 교수는 학생이 연구 목적도 없이 자기 학교를 선택했다고 보고 선발하지 않습니다. 에세이나 SOP를 한 개 작성해서 모든 대학에 보냈다는, 무성의하다는 느낌을 상대에게 주어서는 안 됩니다. 미국 대학의 교수들이 자기 학교에 오는 이유를 중시하는 것은 학생의 중간 탈락이 많기 때문입니다. 실제로 자료상으로도 미국의 박사학위 과정자 중에서 입학 후 첫 1년에 학교를 옮기는 경우가 약 20%가 넘습니다. 석사는 더 많다는 것이므로 학교의 커리큘럼이 안 맞는 경우가 대부분의 전학의 이유입니다. 따라서 교수들은 과연 이 학생이 공부할 분야가 자기 학교에 있는가를 정확히 알고 싶어 합니다.

특히 장학금을 신청하는 경우에는 특정 산학프로젝트 등에 소속돼 연구하는 대가로 주는 것이 장학금이므로 내가 참여할 연구 분야나 프로젝트를 언급해야 합니다. 이 프로젝트의 지도 교수가 학생을 뽑고 장학금도 배정하는 것입니다. 이런 점을 이해하면 왜 박사과정은 구체적으로 이 학교가 현재 진행 중인 프로젝트나 research 분야를 언급해야 하는지 알 수 있습니다. 석사, 박사가 동시에 포함된 통합박사과정(실제는 석사과정)은 석사부터 시작하므로 research subject가 없어도 지원이 가능합니다. 아래는 대표적인 샘플들입니다.

귀 대학의 IDP(International Development Policy)는 내가 현재 하고 있는 일과 앞으로의 목표, 그리고 ××시의 정책 목표와 여러 측면에서 부합된다. 첫째, 이 과정은 ××시처럼 발전 과정에 있는 도시나 국가에서 발생하는 문제점들에 대한 바람직한 해결책을 모색하고 있다. 둘째, IDP는 사회·경제·정치·환경의 균형 발전을 강조하고 있다. 이는 질적 성장과 인간의 높은 삶의 질을 추구하는 ××시의 발전 정책과 부합된다. 셋째, Seminars, Case studies, Applied researches, Workshops 등을 통해 행정 현장에서의 활용 가능성을 극대화할 수 있는 수업 방식을 채택하고 있다. 넷째, 세계 각국에서 모여든 mid-career professionals와의 학문적, 인적 교류를 통해 global 시각을 배우고 문제 해결 능력을 고양할 수 있다. (…)

××× 대학의 ××× Biology에서 제공하는 ××× 프로그램은 나의 관심사인 cancer에 대해 연구하는 lab이 두 곳이나 되며, HHb gene expression을 연구하는 lab은 내가 석사과정에서 수행한 연구 분야와 일치한다. 나는 석사과정에서 cancer의 메커니즘 중 FB××의 activity를 살펴보는 실험을 여러 차례 수행하면서 NF×× 유전자에 대해서도 많은 경험을 가지고 있다. 따라서 나는 귀 프로그램에서 현재 Dr, K 박사가 진행하고 있는 세포의 ××× apoptosis에 대한 연구 project에 참여해서 ×××와 ×××의 상관관계에 대해 연구하기를 희망한다. (…)

첫째, Focus on technology innovation은 ×× 컨설턴트로서 필요한 skills를 길러 줄 것이다. e-Business Initiative나 Technology Management 관련 Courses는 e-Business와 Technology innovation의 framework를 제공할 것이다. 둘째, Your network는 인종이나 경력상의 다양성을 maximize하고, localized된 인간관계를 극복하기에 적합하다고 생각한다. 특히 어느 business school보다 organized되고 supportive한 한국 동문회는 다른 어떤 학교도 제공할 수 없는 unique한 values이다. (…)

첫째, 귀 대학은 real estate가 가장 활성화되어 있는 지역에 위치한다. Real Estate Finance and Investment에서 제공하는 Mortgage Terminations와 Property Markets analysis, Equity REIT Returns의 Time Variation 등은 한국에서는 개설되어 있지 않은 분야이면서도 부동산 금융 전문가가 되기 위해서는 필수적인 과목이다. 둘째, 커리큘럼이 Finance와 Planning & Development Real Estate의 양 부문을 균형 있게 공부할 수 있는 장점이 있으며 이 과정이 비즈니스 스쿨과 연계되어 실무적이다. 현재 Real Estate 과정에서 공부하는 Park, ×××를 통해 프로그램에 대해 많은 설명을 들었는데, Your Real Estate 과정이 나의 연구와 Career path에 가장 적합한 과정이라 생각했다. (…)

(5) 졸업 후 계획(short and long term goal)

　미국 대학원은 전직이나 직업 훈련을 위한 목적도 있기 때문에 교수들은 학생의 졸업 후 진로에 관심이 있습니다. 때문에 에세이에서 졸업 후에 어떤 지역, 어떤 직장에서 어떤 직무를 할 것인가를 보이는 것이 원칙입니다. goal에서는 포괄적인 설명보다는 장, 단기적인 진로를 구체적으로 보여 주는 것이 중요합니다. 석사만 마치고 취직할 예정인 경우도 박사학위를 할 의사도 있다고 표현하는 것이 합격에 유리한 경우가 많습니다. 미국의 인문계, 공대 등은 원래 박사 학위자를 양성하는 것이 주요 목적이며, 석사는 박사를 가기 위한 과정일 뿐입니다. 교수들은 추후 박사학위를 하면서 자신과 연구할 제자를 뽑으려고 하고, 석사를 마친 뒤에 직장에 가려는 제자는 선호하지 않습니다.

많은 학교들이 goal을 물어볼 때 short-term and long-term career goals(be specific as possible)라는 표현을 씁니다. 이런 의미는 졸업 후 단기간에 복직, 아니면 어떤 분야의 회사, 어떤 나라에서 활동할 것인지 등 미래의 목표가 확실히 서 있는 것을 알고 싶어 하는 것입니다. 원서에서 질문으로 졸업 후 갈 회사, 나라, industry까지 물어보는 유럽 MBA도 있으므로 가능한 한 short-term and long-term career goals를 구체적으로 보이는 것이 여러 학교에 한꺼번에 적용할 때 유리합니다. MBA school의 경우 "MBA graduate must be viewed by potential employers as having exceptional leadership qualities, intellectual strength, senior-level career-path aspirations"으로 설명합니다. MBA 후보의 목표가 최소한 senior-level career-path aspirations이라는 의미이므로 가능한 한 senior-level 이상의 직업적 목표를 보여야 합니다. 자기 PR을 중시하는 미국인 교수들에게 미래의 자신의 꿈을 너무 소박하게 보여 주는 것이 능사는 아닙니다.

(6) 가족 환경(family background)

학부뿐만 아니라 대학원이나 MBA 스쿨에서도 성장 배경을 물어보는 곳이 있습니다. 대표적인 질문을 보면 "Ucla. Please provide us with a summary of your personal and family background. Include information about your parents and siblings, where you grew up, and perhaps a highlight or special memory of your youth.(Limit to 2 pages.)", "Uc-davis. On a more personal level, summarize the personal experiences that have shaped who you are — your family background, people who have influenced you, obstacles you have had to overcome and major turning points in your life.(two pages maximum)" 등입니다. 질문을 분석해 보면 가족 배경을 말하는데, 부모님과 형제를 소개하고, 자란 곳의 환경, 젊은 시절의 대표적인 추억들이 나의 성장, 나의 성공, 직업관에 미친 영향 등을 쓰라는 것입니다. Memory를 물어보면 나에게 가장 큰 영향을 준 특정한 사건을 소개하라는 뜻입니다. 이 질문은 University of California 계열의 대학들처럼 Melting Pot으로 상징되는 미국의 독특한 특성과 역사를 이해해야 올바른 답변이 가능합니다. 이 질문은 원래 백인이 40% 미만이고, 100개 이상의 인종이 모여 있는 LA 등에서 학생의 가족 배경을 보려는 것이 가장 중요한 의도로 학생의 매우 개인적인 personal background를 보려는 것입니다. 특히 인종에 대한 편견이 심한 대도시 지역에서 학생이 이런 편견을 극복한 사례나, 외국인들과 잘 어울리는 cultural diversity를 보려는 의도입니다. 따라서 이런 질문에서는 직업적인 professional background보다는 청년 시절(in youth)의 소재를 보여 주는 것이 좋습니다.

(7) 편입이나 재입학하는 경우(reapply letter, appeal letter)

편입생이나 탈락한 학교를 재지원하는 경우에는 "Appeals to Admission Decisions Transfer Applicants … information that clearly shows the student to be stronger than had been earlier evidenced … The information you present should be new and compelling."이라고 묻는 학교가 많습니다. 이것은 최초 지원할 때 에세이에서 보여 주지 못했던 새로운 성취나 지원한 뒤에 새로 얻은 학생의 우수한 장점, 성적, 실적을 보여 달라는 뜻입니다. 지난번의 지원 이후에 현재까지 성적이 바뀐 것이 있다거나, 성적이 낮아서 합격이 취소된 경우에는 마지막 학기에 성적이 낮아진 이유나, 앞으로 바뀔 예정인 성적이나 학업적인 성취 등을 집중적으로 서술해야 합니다.

PART 4

미국 대학 에세이·추천서 샘플

1. 경영학 지원자의 자기소개서(SOP)

Think about the decisions you have made in your life.(2 pages).
Describe the following:
PAST: What choices have you made that led you your current position?
PRESENT: Why is a AAA necessary at this point in your life?
FUTURE: What is your desired position upon graduation from the AAA School?

Since I had worked in the AAA product department of CCC Co., Ltd., established by my deceased father, and the yearly income was $×× million in 2020, my major problem was a lack of knowledge in Finance and Management. Upon graduation from undergraduate studies, I started working in the Management Planning Team. Because I did not have any background in business administration from majoring in English Literature in college, I realized the difficulty in grasping the concept of general company matters, marketing analysis, and setting up the short and long-term marketing plan. When I participated in the future development of CCC sales project for 10 months that began in February 2021, I realized that I was incapable of successfully performing my duties as an Assistant Manager with ×× staff members for a project in which the company heavily depended upon. It was then that I had realized what special talent was needed to become a successful manager. For instance, while analyzing DDD, EEE's technological advantage and marketing strategies, I realized the importance of learning Marketing Research and Strategy. I also realized the importance of Financial Management and Corporate Financial Policies when planning sales and marketing strategies for the future sales of CCC and strategies for increasing our market. Through these experiences, I became strongly motivated to applying to your college.

If I am given the opportunity, I would like to study Corporate Finance and Financial Strategy. Without the knowledge of finance, I could not successfully manage the company and be an incompetent businessman. I would like to focus my studies on subjects relating to Entrepreneurship and Marketing. I believe that I am qualified to be competitive among your students because I have earned a certificate of Accounting and Finance, sponsored by the United Korean Bank Committee. Along with this basic background, I am currently studying Finance as a graduate student at the University of FFF — Business School. AAA School is my top choice for two main reasons. First of all, AAA offers diverse courses such as 'Restructuring and Firm & Industries', 'Venture Capital Financing' and 'Investment Strategy', that are not offered at the University of FFF.

Second reason is the many advantages that can be offered from the location of your school, with worldwide competitive corporations gathered in GGG. Upon graduation from the AAA School, I plan to be the most representative person at CCC Co., Ltd. by learning and applying the strategies of these large growing global corporations in GGG, and if possible I would like to analyze our competitors, KKK and DDD. I would also like to have experience with the U.S. market and its' customer characteristics in preparation for future plan of CCC to set up CCC subsidiaries in U.S.

I plan to work for 5 years at CCC Co., Ltd. after graduation from AAA, by improving CCC so that it will rank second to DDD. My long-term goal is to be able to challenge the CEO's of the top 5 ranking companies in Korea, such as LLL of Korea. In addition, to achieve my goals, I plan to earn the CFA certification upon my BBB studies. Thank you.

2020년도 기준 연 매출 ×× 달러인 'CCC Co., Ltd'의 AAA 사업부에서 일한 2년 동안 나의 가장 큰 문제는 Finance와 Management에 대한 나의 지식 부족이었다. 회사 측은 대학 졸업과 동시에 나를 회사의 기획관리팀에 배속시켰으나, 대학에서 영문학을 전공한 나로서는 기업 현황 및 시장분석, 장·단기 마케팅 계획수립 등의 경영에 관련된 업무는 사실 벅찬 일이었다. 특히 2019년 2월부터 10개월에 걸쳐 진행된 '차세대 CCC 개발 및 판매전략 수립 project'에 참여하면서부터 나는 나의 경영자적 능력에 대해 회의를 느끼기 시작했다. 총 8명의 직원이 투입됐고, 회사의 사운이 걸린 이 프로젝트에 Assistant Manager에 임명된 나는 이 기간 중 진정한 경영자가 갖추어야 할 자질이 무엇인가를 분명히 느낄 수 있었다. 경쟁 제품인 FFF, GGG 사의 기술적인 장점과 그들의 마케팅 전략을 분석할 때 나는 내가 왜 Marketing Research,

Strategy 등을 배워야 하는가를 깨달았고, 차세대 CCC의 판매 및 시장 확대 전략을 수립할 때 나는 왜 Financial Management, Corporate Financial Policies 등의 학문이 내게 필수적인가를 체험했다. 이때의 경험이 나로 하여금 귀 대학의 BBB과정에 지원하도록 했다.

내가 귀 대학에서 특히 배우고 싶은 분야는 Corporate Finance and Financial Strategy이다. 해방 이후 한국의 10대 기업인으로 꼽히는 CCC Co., Ltd. 운영에 참여할 것으로 예정된 나의 현재 입장에서 보면 Finance에 대한 확고한 지식 기반의 수립이 가장 시급한 문제라고 생각한다. 이 지식 없이는 내가 결코 유능한 경영인이 될 수 없다는 것이 나의 솔직한 고백이다. 나는 이밖에 Entrepreneurship과 Marketing에 관련된 학문을 집중적으로 연구함으로써 나의 경영자적 자질을 완성시키기를 희망한다. 나는 다행히도 2014년 8월부터 ××연합회가 실시하는 '기업 Accounting and Finance 관리자과정'을 수료해 이 분야에 대한 기초적인 지식을 쌓은 데다가, 2021년 가을 학기부터 University of FFF의 경영대학원에서 Finance 과목을 수강하고 있어 귀 대학의 학과목을 따라가는 데는 큰 문제가 없다고 본다.

나의 목적을 달성하는 데 AAA School은 내가 1차로 선호하는 대학이다. 첫째는 AAA이 타 대학에 비해 Finance에서 가장 다양한 코스를 제공하고 있기 때문이다. 특히 귀 대학에서 제공하는 Restructuring and Firms and Industries, Venture Capital Financing, Investment Strategy 등은 현재 재학 중인 대학에서 들을 수 없는 코스들로 나는 꼭 귀 대학에 진학해 이런 분야들을 연구해 보고 싶다. AAA에 진학하는 두 번째 이유는 말할 필요도 없이 귀 대학의 지리적 장점 때문이다. 경영대학원 졸업 후 CCC Co., Ltd에 복직해 중추적인 역할을 담당할 내 입장에서 보면 세계적인 기업이 밀집된 ××시에서 이들의 성장전략을 연구해 보고, 가능하면 우리의 경쟁 제품인 KKK, FFF에 대해 집중적으로 분석해 보고 싶다. 또 가능하다면 내가 경영대학원 졸업 후 한국에 돌아가 추진하게 될 CCC의 미국 내 직영 딜러망 구축의 준비단계로써 사전에 미국 시장과 소비자의 특성을 직접 경험해 보고 싶다.

귀 대학을 졸업한 뒤 나는 우선 약 5년 동안은 CCC Co., Ltd에 참여해 이 회사를 LLL에 버금가는 세계적인 AAA 전문회사로 키우고 싶다. 이후 나의 long term goal은 CCC Co., Ltd에서의 경험을 기반 삼아 FFF 등 한국 내 5대 ××의 CEO에 도전해 보는 것이다. 이를 위해 가능하다면 나는 BBB 학위 외에도 경영대학원 재학 중에 CFA certification에 도전할 계획이다. Thank you.

2. MBA Cross-cultural experience 에세이

Describe a meaningful cross-cultural experience you have had that highlights your awareness, understanding and appreciation of interaction with people from diverse backgrounds in a business setting.

In the investment analysis team of AAA Securities, I worked with many foreigners, and during this time I had gained very useful cross-cultural experiences. At the time I had many opportunities to work with the international sales team where more than ten foreigners were working. Most of the people working in the international sales team were Korean residents in America or Americans. As they were accustomed to American way of thinking and American lifestyle, they did not understand the uniqueness of Korean culture, sometimes leading to conflicts with other employees. However, before long we were able to develop a complementary relationship. Through this experience I learned that diversity offers more advantages than uniform organization.

First, the Americans and Korean Americans working in the international sales team were very forward-looking when it comes to work. The American who influenced me the most at the time was BBB. During morning meetings he not only asked very many questions and made very many presentations, but also never hesitated to object to his superiors when he disagreed with them. Objecting to superiors is a rare event in the working culture of Korea, and even if one has to, it is quite natural that he or she has to think hard about how to do that. After we had joint meetings with the international sales team for about two months, it became a routine to exchange opinions dynamically in the investment analysis team as well.

Second, the Americans working in the international sales team had a clear distinction between work and private life, and were through in self-management. We would party together after a team or multiple teams finished work, but the Americans unaffectedly let people know that they give priority to their own schedule. Even if their boss threw a party after work, they made it clear that they could not make it if they had a previous engagement. Besides, even if they participated, they never stayed at the party until late at night so that it might interfere with their work the day after. In Korean workplaces a party hosted by the boss takes precedence over all of my private matters, and it became so customary in the working culture in Korea that everyone considers it natural. However, working with the Korean Americans led people in my department to think twice about our working culture.

Third, one of the most important changes in perception was that I became more tolerant of "otherness." In fact, Korea is somewhat uniform in all aspects. As people not only look similar but also are used to thinking the same way, they are not broad-minded about otherness. If I have a different hairdo, if I wear clothes of an unusual color, or if I do something others seldom do, how will others think? So I can hardly give it a try because I am too conscious of others. However, while working with Americans at AAA Securities, and studying English in ZZZ, I realized that diversity is very important and natural in our society. BBB and I started as colleagues, but now we became buddies. Through BBB I learned indirectly about American culture, and vice versa for BBB. I became able to express my opinion clearly and directly to my boss at work, and I can draw a clearer line between work and private life. Also, now I know that I can become close friends with people who look different. This changed perception of "otherness" is one of the most precious assets I acquired thanks to BBB. I am sure that the experience at KKK University will elevate my cross-cultural experiences to a much more global level.

나는 AAA 증권의 투자분석팀에서 일하는 동안 외국인과 함께 일했었고, 이때 매우 유익한 cross-cultural experience를 경험했다. 국제영업팀에서 일하는 직원들은 대부분 미국 교포나 미국인들이었다. 그들은 미국적 사고와 생활양식에 익숙해 있어 독특한 한국적 문화에 대한 몰이해로 가끔 다른 직원들과 마찰을 빚곤 했다. 하지만 얼마 지나지 않아 상호보완적인 관계로 발전할 수 있었다. 나는 이때의 경험을 통해 다양성이 획일적 인적 구성보다 많은 장점을 갖고 있음을 알게 되었다.

첫째, 국제영업팀에서 일하는 미국인과 교포 직원들은 일에 관한 한 매우 적극적인 사고방식을 갖고 있었다. 당시 내게 가장 큰 영향을 준 미국인은 BBB이다. 그는 아침 회의 시간에 매우 많은 질문과 발표를 할 뿐만 아니라 상위 직급자와 의견의 불일치가 생길 경우 아무 거리낌 없이 반론을 펴기도 했다. 한국의 직장 문화는 상사에 대한 반론은 매우 이례적인 일이며, 설사 반론을 한다 해도 항상 그 방법에 대해 고민하는 것이 일상이다. 국제영업팀과의 약 2개월간의 통합 회의 후에 우리 투자분석팀에서도 그러한 다이나믹한 의견 교환이 일상화되었다.

둘째, 국제영업팀에서 일하는 미국인들은 회사 업무와 개인 생활을 뚜렷이 구분하며 자기 관리에 철저한 면을 보였다. 팀 단위 또는 여러 팀이 함께 일이 끝난 뒤 회식을 갖곤 했는데, 그들은 자신의 스케줄을 우선시하는 용감성을 자연스럽게 표현했다. 업무가 끝난 뒤에는 상사가 주체하는 회식일지라도 자신의 선약이 있으면 참석할 수 없다는 의사표시를 분명히 했다. 또한 참석한다 할지라도 다음 날 업무에 지장을 초래할지 모르는 늦은 밤까지는 회식 자리에 남아 있지 않았다. 한국의 직장에서는 상사가 주체하는 회식이 나의 모든 사적인 일에 우선했으며, 이러한 현상은 관례화되어 모든 사람들이 당연시 여기는 직장 문화이다. 하지만 교포들과의 생활로 인해 직장 문화에 대해 우리 부서의 직원들도 다시 한번 생각하게 되었다.

셋째, 무엇보다도 중요한 인식의 변화 중의 하나는 나와 "다름"에 대한 거부감이 감소되었다는 것이다. 사실 한국은 모든 면에서 어느 정도 획일적이다. 사람들의 외양이 같을 뿐만 아니라 같은 사고에 익숙해 있어 나와 다름에 대해 관대하질 못하다. 헤어스타일을 다르게 한다면, 특이한 컬러의 옷을 입는다면, 또는 남들이 하지 않은 일을 한다면 다른 사람들이 어떻게 생각할까 하는 타인의 시선을 의식해 결국 어떠한 시도도 해 보지 못하는 경우가 많다. 하지만 미국인들과 함께 보낸 AAA 증권 시절과 이곳 ZZZ에서의 연수 경험으로 인해 나는 이제 다양함이 우리가 사는 사회에서 매우 중요하며 또한 자연스러운 것으로 느끼고 있다.

나와 BBB는 직장 동료에서 이젠 친구로 발전했다. 나는 BBB를 통해 미국 문화를 간접적으로 알게 되었으며, BBB 또한 나를 통해 한국 문화를 이해할 수 있게 되었다. 업무 중 자신의 의견을 상사에게 또렷이 그리고 직선적으로 표현할 수 있게 되었으며, 공과 사를 좀 더 분명히 구분하게 되었다. 그리고 무엇보다도 외양이 달라도 따뜻한 정과 인간미 넘치는 친구가 될 수 있다는 "다름"에 대한 인식의 변화는 BBB를 통해 얻은 귀중한 자산 중의 하나이다. KKK University의 경험은 지금까지 내가 경험한 cross-cultural experience를 훨씬 global한 차원으로 높여 줄 것이다.

3. MBA Failure 에세이

Describe a work situation in which your goal was not achieved. How did you deal with it? What was the outcome?

I have an important experience in which I realized that the goals of an organization may not be efficiently achieved if a leader led his organization subjectively without the accurate understanding of the characteristics and qualities of his team member. I realized through this experience that an excellent leader should be capable of accurately understanding the goals of the organization and allow full materialization of each individual's potentials in his team. In 20×× when I was volunteering as a 5th graders' teacher in church, I organized a computer class free-of-charge for students of needy families every Saturday and Sunday evenings.

In the beginning, I taught about ××× children and few other adults in one class by myself but after 5 months of teaching this computer class, I found that the number of students started to decrease which 4 months later led to many times that I taught only 2-3 students with frequent absentees. I even considered closing down the class but with surrounding encouragement, I decided to start all over again from the beginning and met the children and adults who were my students to listen to the reasons why they got disinterested in my lessons.

It was because I taught them on the overall without regarding their learning capabilities or my teaching speed. Thus for children who are comparably fast computer learners, the details of my lessons seemed boring due to repeats which resulted them to lose interest and for adults, the lesson contents were not easy for them to follow which caused them to give up learning. In order to overcome this situation,

I felt that it was important to first divide the class according to capability levels and gathered 3 other persons in the church who could give computer lessons, where we executed systematic education by dividing into 3 classes, being elementary, middle and high levels. As a result, 3 times more than the initial number of students gathered for our computer lessons till now, and every one joins the class devotedly without almost any absentees. Through my failure in the beginning I acutely realized the importance of a leader's role and attitude whether it be a small church gathering or a huge social organization.

나는 구성원 개개인의 특성과 자질을 정확히 파악하지 못하고 리더 개인의 주관적인 생각만으로 조직을 이끌어 나간다면, 결국은 그 조직의 목표를 효과적으로 달성할 수 없다는 중요한 깨달음을 얻은 경험이 있다. 이 케이스를 통해 훌륭한 리더는 그 조직의 목표를 정확히 파악하고, 각 구성원들이 개개인 잠재력을 충분히 발휘할 수 있도록 도와주는 자세가 무엇보다도 중요하다는 것을 알았다. 나는 2020년 교회에서 초등부 5학년 교사로 봉사하던 시절 가정 형편이 어려운 학생들을 위하여 매주 토, 일 오후 시간을 이용하여 교회에서 컴퓨터 무료 강습반을 열었다.

처음에는 혼자 힘으로 20명 남짓한 아이들과 그 외 어른들을 한 반으로 모아서 교육을 실시하였는데, 이 컴퓨터 강습반이 5개월 운영 후 수강 인원이 점차 줄기 시작했고, 잦은 결석으로 4개월 후에는 2-3명을 데리고 교육할 때도 많아졌다. 한때는 폐쇄도 고려했으나 주위의 격려로 원점에서 다시 시작하기로 하고, 이전에 강습을 같이 받았던 아이들과 어른들을 만나 강습에 흥미를 잃게 된 원인을 들어 보았다.

주요 원인은 개개인의 학습 능력이나 속도를 무시한 채, 일괄적으로 교육해 나간 것이었다. 그러다 보니, 비교적 컴퓨터 학습 능력이 빠른 아이들에게는 점점 내용이 반복되는 듯한 지루함으로 흥미를 잃게 되고, 어른들은 내용을 쉽게 따라가지 못해 포기하고 마는 상황이 되었던 것이다. 이를 극복하기 위해서, 먼저 레벨을 나누어 교육을 실시하는 것이 중요하다고 생각되어, 교육을 함께 진행할 수 있는 3명의 컴퓨터 교사를 교회 내에서 모집한 뒤 초급·중급·상급의 세 반으로 나누어 교육을 체계적으로 실시하게 됐다. 이를 통해 초기 교육 때보다 세 배가량 많은 인원이 컴퓨터 강습을 받기 위해 모여들었고, 지금까지도 결석하는 일이 거의 없이 모두들 열심히 참여하고 있다. 나는 초반의 실패를 통해서, 교회의 소모임이든 사회의 거대한 조직이든 간에 리더의 역할과 자세가 얼마나 중요한 것인지를 절실히 깨닫게 되었다.

4. 학부 자기소개서(autobiographical essay)

Submit a one page personal essay that will help us learn more about you and what you hope to accomplish through a college education. You may emphasize an educational goal or an important milestone in your life. Your essay will be reviewed as part of the general admission process. If you are admitted and enroll, your academic advisor will find your essay valuable in helping you plan your academic career.

My parents' decision to send me to America and my effort to satisfy my parents' trust were the things that gave me the strength to win ×× Honor Rolls during the ×× semesters in BBB School and actively communicate with everyone through community activities such as the CCC and AAA International.

When I learned the sold fact that "only I can help myself" and "I must make all the decisions by myself", I had to do something for that. My first choice was to concentrate on learning at school. As a result, I was able to gain A's and B's in all subjects after 9th grade and was among one of the best two foreign students who were in honor rolls.

My second attempt was to communicate with those who were under the same circumstance as myself. As I had needed help from others in the past, there were those who needed my help as of now. In order to communicate with them, I had enlisted myself in three extracurricular clubs such as CCC, DDD at my school, while concentrating on talking with transferred students and people in the community for two hours each week.

I first began to take interest in management when I was involving in odds and ends for 2 months at my father's company, EEE Tech Co. during the summer holidays of 8th grade. The dynamic movements of the ×× personnel and the image of my father leading them had left a great impression on me about the power of an organization and the strength of a leader. It was then that I began to nurture the dream of becoming a leader of an organization.

As my father heard my dream of becoming a manager, he told me that international experience, proficient command of foreign languages, and communication skills with friends with different cultural backgrounds would be essential basis for me, suggesting that I should take up my studies abroad. It was quite a scary thing to live alone away from my parents over 7 thousand miles at distance. But with the idea of becoming an international manager in the future, I came here in BBB School.

내가 낯선 미국의 BBB School에서 보낸 12학기 동안 9번이나 Honor Roll을 받을 수 있었던 것도, 내가 CCC와 AAA International 등 community 활동에서 누군가와의 대화에 열심이었던 것도, 나를 미국에 보내기로 한 부모님의 선택, 그들의 기대를 저버리지 않으려는 노력 때문이었다.

'오직 나만이 나를 도울 수 있다', '나 스스로 모든 결정을 내려야 한다'는 사실을 깨달은 뒤부터 나는 무엇인가를 시도해야 했다. 나의 첫 번째 선택은 학습에 집중하는 것이었다. 9학년 이후 모든 과목이 A 또는 B이고, 미국 학생들과 함께 수업하는 Level 3 등 높은 수준의 코스를 들었던 것이 그 결과이다.

두 번째의 시도는 나와 같은 처지에 있는 사람들과의 대화였다. 내가 누군가의 도움을 필요했듯이, 나의 도움을 필요로 하는 사람과 대화를 나누기 위해 나는 BBB School의 CCC, EEE 등 3개 서클에 가입했다. 특히 나는 도움을 청하는 사람들과 정기적으로 상담하는 봉사 서클인

CCC에서 지난 3년 동안 매주 6시간씩 새로 편입한 학생, 지역사회 주민들과의 대화에 열중했다.

내가 경영자와 경영학에 관심을 갖기 시작한 것은 8학년 여름방학 때 두 달간 아버지 회사인 EEE Tech Co에서 허드렛일로 아르바이트를 하면서부터이다. 초를 다투어 움직이는 80명 직원들의 역동성, 이들을 이끄는 아버님의 모습은 어린 나에게 조직의 힘, 리더의 강인함을 알려 주었고, 그때부터 사기업에서 리더로 성장해 한 그룹을 이끌어 보고 싶다는 생각을 갖게 됐다.

장래 경영자가 되고 싶다는 나의 희망을 알게 된 이후, 아버지는 앞으로의 리더는 국제적인 경험, 능숙한 외국어 실력, 전 세계 다른 문화권 친구들과의 교류가 필수적이라고 말씀하시면서 나에게 조기 유학을 권유했다. 15세의 나이에 부모와 7천 마일을 떨어져 혼자 생활한다는 것은 두려운 일이었으나, 국제적인 경영인이 되겠다는 한 가지 생각으로 나는 BBB School에 오게 됐다.

5. 학부 전공(major) 에세이

Explain why you have chosen your major, department or program. The essay should include the reasons why you've chosen the major, any goals or relevant work plans and any other information you would like us to know.

There are twofold motives that I began to take interest in the manager and business management. The primary motivation to gain interest in management and the profession of entrepreneur was also influenced by Bill Gates. Reading the book "Microsoft Story" (by Daniel Ichbiah) which my father had bought me in my 7th grade, I started to take interest in the profession of entrepreneur. Through this book, I learned that an enterpriser was not merely someone who earns money, but someone who promotes the convenience of mankind as well as participate in the community service and creating more job opportunities. Bill Gates' life taught me what a true enterpriser should be like. The second reason I took interest in management when I was involving in odds and ends for 2 months at my father's company, AAA Tech Co. during the summer holidays of 8th grade. The dynamic movements of the ×× personnel and the image of my father leading them had left a great impression on me about the power of an organization and the strength of a leader. It was then that I began to nurture the dream of becoming a leader of an organization. After my father recognized my dream of becoming a manager, he advised me that international experience, proficient English skills, and communication with foreign friends would serve as essential basis for me, suggesting that I should take up my studies abroad. Thinking of living alone away from my parents over 7 thousand miles, it was quite a fearful thing. But with only thought of becoming an international manager, I placed myself here in BBB School.

내가 경영자라는 직업과 경영학에 관심을 갖기 시작한 것에는 두 가지의 계기가 있다. 첫째는 7학년 때 아버님이 사 주신 『마이크로소프트와 빌 게이츠』라는 책을 읽으면서부터이다. 이 책을 통해 나는 기업가는 단순히 돈을 버는 직업만은 아니라는 것을 깨달았다. 인류 생활의 편리함을 발전시키고, 보다 많은 직업의 기회를 창조하고, 자선 사업을 통해 사회봉사에 참여하는 것 — 이것이 진정한 기업가의 모습이라는 것을 빌 게이츠의 인생이 나에게 알려 주었다. 두 번째는 8학년 여름방학 때 두 달간 아버지 회사인 AAA Tech Co에서 허드렛일로 아르바이트를 하면서부터이다. 초를 다투어 움직이는 80명 직원들의 역동성, 이들을 이끄는 아버님의 모습은 어린 나에게 조직의 힘, 리더의 강인함을 알려 주었고, 그때부터 사기업에서 리더로 성장해 한 그룹을 이끌어 보고 싶다는 생각을 갖게 됐다. 장래 경영자가 되고 싶다는 나의 희망을 알게 된 이후, 아버지는 앞으로의 리더는 국제적인 경험, 능숙한 영어 실력, 외국 친구들과의 교류가 필수적이라고 말씀하시면서 나에게 조기 유학을 권유했다. 15세의 나이에 부모와 7천 마일을 떨어져 혼자 생활한다는 것은 두려운 일이었으나, 국제적인 경영인이 되겠다는 한 가지 생각으로 나는 BBB School에 오게 됐다.

6. 학부 활동(activity) 에세이

Of the extracurricular activities, personal activities, or work experiences you have described, which has meant the most to you, and why?

What if you should skip lunch because you don't speak, "I am hungry"? The question is not that you don't know this word but that you are not prepared to say that. It is my own experience as well as what every classmate from Korea suffers.
Having experienced more hardships than others for the past 3 years, I strongly believe that I will be able to get more generous than anyone else. Every Thursday night, I participated in the AAA to encourage them to an extent on a regular basis. I will keep on encouraging them through counseling as well as the door to heart after I enter your school.
The thing meant the most to me is the experience I have gained for the last 3 years. It was hard for me to make my own decision without any parental guidance. One day after I suffered from the heat, I have made it rules to run the school in the early morning. That's because my parents cannot come to me for minor reasons. It has been the main theme of my life to stay fit and keep patient all by myself.
Throughout this experience, I started to join the club, AAA, which is the counseling club of which BBB School is the most proud since its foundation in 19××. AAA is the community club that shares the problems and finds out the solutions to the problems combined by 4 high school students and community club members near by CCC. Every one of us talked about the variety of matters in relation to family, school, and sex without any barrier. It was the most helpful clubs in which I was able to meet a wide range of friends and teachers who

cared about me like siblings.

The joy in AAA encouraged me to actively participate in the DDD and AAA International, which are designed for counseling and communication. In that context, I could share their problems, tell them about the experiences I had in a similar position, advising them to be more patient. Accordingly, I was proud when feeling a respect in their eyes towards me. I will never stop this activity of "conversing with someone" at your school. Thank you.

"I am hungry"라는 말을 못 해서 점심을 굶어야 한다면? 문제는 이 단어를 모르는 것이 아니다. 이 말을 표현할 마음의 준비가 안 돼 있는 것이다. 마음의 문이 열리지 않는 것, 이것은 나의 경험이고, 나의 후배 유학생들이 모두 겪는 일이다. 이런 세월을 거쳐 온 지난 3년의 유학 생활은 내가 더 많은 시련을 겪었기에, 더 관대해질 수 있는 여유를 갖게 했다. 나는 지금도 부모와 떨어져 낯선 땅에 살고 있는 그들의 어려움을 조금이나마 덜어 주기 위해 매주 목요일 저녁이면 어김없이 AAA를 찾고 있다. 나는 귀 대학에서도 상담을 통해, 마음의 문을 통해 서로를 위로하는 작업을 계속할 생각이다.

The thing meant the most to me는 나의 유학 생활, 내가 지난 3년간 겪은 경험 그 자체이다. 부모와 7,000마일을 떨어져 모든 결정을 내 스스로 내려야 하는 것만으로도 18세의 나에게는 힘든 일이다. 38도의 고열에 이틀을 시달리고 난 어느 날 이후부터, 나는 새벽에 학교로 달리는 버릇이 생겼다. 사소한 일로는 멀리서 나의 부모가 올 수가 없다는 것을 깨달았기 때문이다. 스스로 나를 건강하게 해야 한다는 것, 이제는 인내해야 한다는 것이 지난 4년 동안 내 생활의 주제였다.

이 경험을 통해 내가 시작한 활동이 AAA이다. 2012년 설립 후 BBB School이 가장 자랑하는 상담 서클인 AAA는 BBB School의 재학생뿐만 아니고, CCC 인근의 4개 고등학교와 community 클럽의 회원들이 서로의 고충을 토론하고, 해결책을 찾는 지역사회 단체이다. 이곳에서는 누구나 참여해서 가정 문제, 학교에의 부적응, 성적인 고민을 자유롭게 토론하는 것으로 대화의 상대, 고민을 털어놓을 대상이 많지 않았던 이곳에서 내게 가장 도움이 되는 모임이었다. 나는 이곳에서 나는 나를 형제자매처럼 걱정해 주는 많은 친구와 선생님을 만날 수 있었다.

AAA에서의 즐거움은 내가 DDD와 AAA International 등 주로 타인과의 상담, 상호 의사 교환을 목적으로 한 서클에서 활동하도록 만들었다. 이 서클들은 누군가와 마음으로 통한다는 것, 어려운 누군가를 도울 수 있다는 사실이 얼마나 가슴 뿌듯한 일인가를 나에게 알려 주었기 때문이다. 지난 3년 동안의 나의 경험을 들려주면서, 좀 더 인내하라는 말을 전해 줄 수 있는 나, 그런 나를 향해 보내는 그들의 눈길이 나는 자랑스럽다. 나는 귀 대학에서도 "누군가와 대화하는" 이 활동을 멈추지 않을 것이다.

7. 경영학(MBA) 지원자의 교수 추천서

To whom it may concern;
I made the acquaintance of the applicant when he was taking my class in 20××. At that time he came back to school as a junior after finishing two years' military service. As I was in charge of advising juniors at that time, I had much interest in the students in my class, and I met the applicant, who was the representative student of his department, quite often to discuss academic affairs. So I knew him very well, and I'd like to strongly recommend him for admission.

내가 이 지원자를 알게 된 것은, 그가 2년간의 군복무를 마치고 3학년으로 복학하면서 내가 가르치던 2018년에 강의를 듣기 시작할 때부터였다. 당시 3학년의 담당 교수였던 나로서는, 내 과목을 수강하는 학생들에 관심이 많았고 특히 과 대표였던 지원자를 자주 만나서 학사 관리를 했었기에 그를 잘 알고 있으며, 그를 적극 추천하고 싶다.

While taking active part in school events as the representative student of his department, he maintained a high level of classroom performance. He was active in making presentations and asking questions in class, and he was quick to understand what I taught in class. Considering that he was quick to understand what ordinary students found to be hard to understand, e.g. futures and options, I could see he had a great potential in financial areas. However, as he was enrolled in only a limited number of finance classes, I thought his training in financial accounting was a bit insufficient to have an overall understanding of the field. If he continues to study in the graduate program of his choice, I am sure he will be able to make up for his deficiencies, and thus acquire the financial perspective considered essential in management.

그는 과 대표로 학교에서 진행하는 여러 행사에 주체적으로 참여하면서도, High level of classroom performance를 항상 유지했었다. 적극적인 발표와 질문으로 수업에 적극성을 보였으며, 수업에 대한 이해도 역시 빨랐다. 보통 학생들이 어렵게 여기는 Futures, Options에 대한 이해도가 빨랐던 것으로 보아서 그의 financial ability에 큰 잠재성을 발견할 수 있었다. 그러나 finance 과목들 중 제한된 일부 과목만을 선택한 그는 재무회계 분야에 있어서 전반적인 시각을 갖는 데는 다소 부족한 교육을 받았다고 평가되었는데, 이는 그가 선택한 Graduate program에서 공부를 더 한다면, 충분히 이 불충분한 점이 보완되어, 경영에서 절대적으로 필요로 하는 이 finance perspective를 확립할 수 있으리라고 믿는다.

I clearly remember that he performed well in class, and he was active in and out of school as the representative student of his department, he acquired the trader license administered by the FFFF, and he won a prize in the school English contest. His school activities were rated so highly that he received am official commendation as an excellent student from the University President in his senior year in college. I believe he was justly rewarded for his active and positive attitude as a student.

기억에 남는 것들 중에 그는 재학 당시 high level of classroom performance와 과 대표로서의 적극적인 대내외 활동, FFF에서 주최하는 무역사 자격증의 획득 및 교내 영어경시대회 우수 입상 등의 교내 활동의 종합적인 평가가 훌륭하게 반영되어 졸업하는 해에 우수 학생으로 대학 총장 표창을 받게 된 것은 그의 적극적인 자세로부터 기인한 적절한 보상이었다고 판단된다.

When he came to me for advice on his future career towards graduation, my advice to him was to work in an overseas business area in consideration of his English proficiency and his trader license. Though the unemployment rate was unusually high due to recession at that time, he was able to land a job in the overseas business division of a leading company in the apparel industry, AAA Group, in the face of cutthroat competition. This reconfirmed his high level of intelligence.

그리고 졸업할 시점에 내게 찾아와 장래 직업을 상담했을 때, 난 그의 영어 실력과 무역사 자격증 소지했음을 고려해서, 해외 업무 쪽으로 진로를 설정하기를 advice했었다. 그 당시 경기 불황으로 실업률이 어느 때보다 높은 상황이었음에도 불구하고, 높은 경쟁률을 뚫고 당시 의류 산업계의 leading company인 AAA Group에 해외 사업부에 입사한 것은 다시 한번 그의 high level of intelligence를 확인할 수 있는 계기였다.

The academic enthusiasm he displayed in school, his excellent performance, and his English proficiency are proof enough that he will successfully complete your graduate program. With the addition of more in-depth knowledge in financial accounting to his 4 years' professional working experience, I am sure he will be able to grow into an outstanding manager in the future, and become an invaluable alumnus of your school. With this conviction, I strongly recommend the applicant to your school.

그가 학교에서 재학 시절 보여 준 학문적 열성과 High performance 그리고 그의 영어 실력으로 판단해 본바, Your graduate program에서 그는 성공할 것이라고 확신하며, 졸업 후 지난 4년간 그가 쌓아 온 전문적인 직장 경력과 더불어 Finance accounting에 대한 심도 있는 지식이 첨가된다면 향후 훌륭한 경영자로서 성장할 수 있을 것이며, 귀 학교에도 invaluable한 alumni가 될 것을 확신하며 이 지원자를 적극 추천하는 바입니다.

8. 경영학(MBA) 지원자의 직장 상사 추천서

To whom it may concern;
I became acquainted with Mr. Kim in July 20×× when he joined the AAA Part ×× at BBB M&F Insurance Co., Ltd. I have work with him as section chief at first and then now department chief. Sometimes, He and I took joint responsibility for the same clients, and sometimes I executed supervision over him. We have discussed business operation of our department in detail and solved impressing problems together day by day. It is true that I have made close business and interpersonal relationship with him.
As his boss and at the same time, his colleague, we share each other's advice and also encourage each other. Since I spend more than 10 hours per day with him and thus closely witness his work, I would say that I know him well personally as well as professionally.

 내가 Mr. Kim을 만난 건 2017년도 7월 Mr. Kim이 AAA 해상 BBB 영업 ××부에 입사하면서부터이다. 그 당시 과장이었던 나는 부장이 된 지금까지 그와 함께 거래선을 같이 담당하기도 하고 때로는 다른 일을 하는 것을 지켜보면서 업무뿐만 아니라 부서의 사소한 일들에 대해서도 서로 상의하고 해결해 나가는 친밀한 관계를 유지하고 있다.

 회사의 선배이자 동료 직원으로서 허물없이 Mr. Kim과 서로 업무적으로 조언과 경쟁을 하는 관계로 매일 10시간 이상을 Mr. Kim의 업무 과정을 지켜본 사람으로서 그의 professional한 면뿐만 아니라 personal한 부분까지 잘 알고 있는 사이이다.

Mr. Kim's foremost talent lies in management. Working on the corporate pension product, he brought up many ideas to help us construct and then distribute data on many products. His second talent is credibility. I have visited many of his clients along with him and it was evident that they strongly trusted him and did not hesitate to provide help to him. Third is his leadership. Selling products on corporation pension, he made sure that every member in the CCC felt proud and fulfilled his responsibility as a leader of the sales.

Our department displayed an outstanding teamwork. CCC consisted of people from each department and Mr. Kim contributed much to creating a bond among them. He always put the whole department ahead of his own benefits and was considerate of others. Therefore, he gained trust from other members of the department. He creates a friendly and enjoyable atmosphere and that is how he brings everyone together.

Mr. Kim의 장점은 첫째 기획력이다. 기업연금을 하면서 우리는 많은 상품에 관한 자료를 만들어서 배포했는데 Mr. Kim은 많은 아이디어로 구성원들을 이끌었다. 둘째 신뢰성이다. 나는 같이 일하면서 그의 거래선을 많이 같이 방문해 보았다. 모든 고객들이 그에게 신뢰하고 있음을 알 수 있었으며 때로는 그를 돕는 일에도 인색하지 않았다. 셋째로는 리더십이다. 그는 기업연금을 판매하면서 CCC에 있었던 모든 구성원들에게 PRIDE를 심어 주었고 회사의 기업연금 판매 활동의 리더로서의 역할을 충실히 해 나갔다.

같이 일하는 동안 우리는 발군의 팀워크를 발휘했다. CCC는 각 부서에서 차출해서 만든 조직이었는데 Mr. Kim은 중간에서 부서의 분위기를 이끌며 부서를 이끄는 데 중요한 역할을 했다. 개인적인 이득보다는 전체 팀에 유리한 것이 어떤 것인지를 먼저 생각하고 행동에 옮겼으며, 항상 자신보다는 타인을 먼저 생각하는 면이 있는 사람이라서 함께 일하는 부서원들로부터 신망을 쌓아 왔다. 그리고 일하는 동안 동료나 후배를 항상 즐겁게 하는 것, 그것이 Mr. Kim이 항상 팀워크를 발휘하게 하는 요인이라고 생각한다.

His strongest point, I think, is the self-confidence. His self-confidence has won the confidence from clients and made himself conspicuous in the category. No matter how the task given was tough and hard, he always gives it a go and tried to crown it with perfection. Such a can-doism itself was enough to be stimulation for the people around him. On the other hand, his thoughtful consideration to his colleagues did much for the team's solidarity. Those qualities; Self-confidence, Mental Armament, and Careful Concern, sure will be working while he is fulfilling the MBA course.
There is a big-time frontier in him. His spirit has encouraged and motivated his colleagues. I am also one of those who were influenced by his attitude of ever-developing a new insurance policy. He is a type of man who proves his worth more in a team than as an individual in that he outshines in bringing about synergy and giving rise to concord.

나는 무엇보다도 Mr. Kim의 자신감이 가장 큰 장점이라고 생각한다. 고객을 상대함에 있어서 늘 자신 있는 태도로 강한 신뢰를 주었다. 이런 자신감은 늘 Mr. Kim을 돋보이게 했다. 어떠한 업무가 주어져도 긍정적으로 받아들이고 완벽하게 처리하기 위해 노력하는 모습은 많은 동료 사원들에게 자극을 주었다. 또한 항상 동료를 이해하고 배려하는 마음은 부서 내 결속을 다지는 데 큰 힘이 되었다.

Mr. Kim은 누구보다도 강한 도전 정신을 가진 사람이다. 그의 도전 정신은 부서 내의 모든 구성원들을 자극하여 업무 능력을 향상시켰다. 나 역시 신상품 개발에 늘 고민하고 있는 그의 모습을 통해서 많은 것을 배웠다. 그리고 Mr. Kim은 혼자 있을 때보다 집단 속에 있을 때 훨씬 탁월한 능력을 발휘한다. 사람들 사이에서 단결을 이끌어 내고 팀워크를 이용한 일을 하는 데 누구보다도 뛰어난 사람이다.

If I have to mention one, it would be his lack of educational background in management, since he did not major in it at college. But his sufficient managerial experiences in the field combined with the MBA education would systemize his knowledge and help him grow to be an excellent manager.

　굳이 단점을 말하자면 그는 학부에서 경영학을 전공하지 않았기 때문에 경영 관련 educational background가 부족하다는 점이다. 그러나 그동안 일선에서 managerial experience를 충분히 쌓았으므로 그가 향후 MBA에서 좀 더 체계적인 경영 교육에 참여한다면 그가 manager로 성장하는 데 큰 보탬이 되리라 생각한다.

Mr. Kim has been in charge of preparation for all the materials for meetings and reports of my department, with making remarkable improvements in inter-department communications. He has an excellent writing skill to make the readers precisely and easily understand the contents. He took the language training in America when he was a college student, and has always demonstrated his good command of English when he worked with foreign brokers at my company.

Mr. Kim has excellent skills in English speaking and writing, which is proven by the fact that he dealt with most of our foreign brokers. He also composed data and prepared a presentation regarding the management of the corporation pension of foreign corporations in Korea. I would say his communication skills are within the top 5% of our XXX-marketing department employees.

    그는 우리 부서의 회의 자료와 보고 자료를 담당하면서 부서의 중간자로서 부서 내의 원활한 communication을 위해서 큰 역할을 수행하였다. 정확한 문장 구사력과 상대방이 쉽게 이해할 수 있도록 설명하는 능력이 특히 뛰어나다. 그는 대학 재학 당시 미국으로 영어연수를 다녀와서 그런지 외국의 브로커와 함께 일을 함에 있어서 영어의 작문 및 회화 실력이 뛰어나다.

    CCC에서의 외국 브로커와의 모든 접촉은 그가 도맡아 했을 정도로 영어 회화 능력과 작문력이 모두 뛰어나다고 생각한다. 한국 내 외국 법인에 대한 기업연금 영업과 관련하여 자료를 만들고 프레젠테이션을 하는 등 영어의 작문 및 communication 능력은 우리 marketing 부서 직원 40명 중 상위 5% 내에 들 정도로 수준급이다.

Mr. Kim consulted with me sincerely about his decision to pursue an MBA. I advised him to go for it, since I believe that MBA is crucial to be a professional manager and have faith in his ability. He always seeks new ideas and thoughts, which he eventually introduces to his peers. The new experiences of the MBA program would develop his ability and knowledge even further. I am certain that he would adjust well to the new program and produce good results.

Mr. Kim은 MBA를 결정하는 데 있어 나와도 오랫동안 많은 이야기를 나누었다. 경영인이 되기 위해서는 MBA 과정이 필수라고 생각했기 때문에, 그리고 그의 실력과 능력을 믿었으므로 한번 도전해 보라고 권했다. 그는 항상 새로운 것을 추구하고 새로운 곳으로 동료를 인도한다. 새로운 경험은 그를 한 번 더 발전시킬 수 있는 계기가 될 것이라고 믿으며, 더불어 그가 MBA 과정에서도 잘 적응하고 좋은 결과를 얻고 오리라 믿는다.

9. 경영학(MBA) 지원자의 직장 상사 추천서(항목별)

Question 1. In your opinion, is the applicant's scholastic record, as you know it, an accurate index of his/her scholastic ability? If your answer is "no", please explain briefly.

She entered the investment company with the best score in English. During the period of the training program, she displayed outstanding performance, and finished first out of 30 new employees. She finished with the third best marks out of 40 participants in Korea Investment companying Institute's International Finance Course. The course is attended by talented employees of each investment company. More surprisingly, she distinguished herself from many talented people who had worked in their investment company for more than 5 years. Her excellent academic ability can be proved by the fact that she completed such a demanding course with brilliant result.

이 학생은 우리 AAA 은행에 최고의 영어 성적으로 입사했으며 연수 기간에도 뛰어난 학업 능력을 보이며 그와 같이 입행한 동기 30명 중 1등으로 연수를 마쳤다. 그리고 이렇게 항상 많은 지식을 쌓으려는 그는 각 AAA 은행의 인재가 모이는 금융연수원의 국제금융과정에서 40명 중에서 3등으로 과정을 마쳤다. 각 AAA 은행의 5년 이상의 경력을 쌓은 인재들 중에서 이렇게 놀라운 성적으로 과정을 이수했다는 것은 그의 탁월한 학업 수행 능력을 입증한다고 할 수 있다.

Question 2. Comment on the applicant's ability to work with others, including superiors, peers and subordinates.

The examiners of branch offices that she works with for co-marketing are senior-managers. But I could find that she had great interpersonal skills, seeing her working with other dealers or examiners. What is the most impressive to me that unlike other people, even when talking to her superiors, she makes her case clearly and politely. It is a great strength of her. She is always filled with self-confident but humble at the same time.
As I explained above in connection with her interpersonal skills, she is always sincere in dealing with people. Branch credit officers say they like it better to work with her in a co-marketing project than with other dealers. As a matter of fact, she gets along very well with most of the people who work with her — dealers, branch inspectors, and corporate clients — even though it may not be that easy because they are senior to her in rank or age.

    그와 업체 섭외를 위해 공동마케팅을 같이하는 지점의 심사역들은 과장 이상의 높으신 분들이다. 하지만 그가 다른 딜러들이나 지점 심사역들과 일하는 것을 보면 그가 뛰어난 interpersonal skill을 지니고 있는 것을 볼 수 있다. 사실 나 자신도 그가 부러울 때가 있는데 대부분의 사람들과 달리 그는 윗사람들과 얘기하는 데에 있어서도 아무 불편함을 못 느끼며 자기 자신이 주장하는 바를 조리 있게 그리고 설득력 있게, polite하게 피력한다. 바로 이런 점이 그의 대단한 강점이라 할 수 있다. 그는 항상 자신감에 차 있지만 더불어 겸손하다.
    그는 모든 사람에게 항상 진심으로 대한다. 지점 credit officer들도 업체 co-marketing을 같이 나갈 때 다른 딜러들보다 그와 함께하는 것을 좋아한다. 사실 그는 그와 같이 일하는 대부분의 모든 사람들 — 딜러들, 지점 심사역들, 업체 고객들 — 은 그의 윗사람이거나 나이가 더 많기 때문에 일하기가 쉽지는 않을 텐데 그는 아주 잘하고 있다.

Question 3. Discuss the applicant's competence in his or her area of responsibility or specialization i.e. organizational skills, attention to detail, ability to complete assignments.

She still comes to work earlier than anybody else in our dealing room, but she used to come to work much earlier when she was in charge of forecasting early in her career. When I arrived at work at seven o'clock, I would find her already at her desk collecting various pieces of information. She was always so enthusiastic about data gathering, and she demonstrated so outstanding analytical skills in her forecast that, in fact, the foreign exchange dealers in the dealing room had an easier time of it. She was also faster than anyone else in providing data that customers wanted.

In addition, as she is preparing for CPA after work, she studies at a private academy until late at night. In a word, she continues to try and work hard to become a competent professional in the financial sector. Her attitude like this sets an example to many people working in the dealing room, and I should say, she touched off a boom in self-development in the dealing room.

그는 지금도 우리 룸에서 가장 일찍 와서 하루를 준비하는 사람이지만 전망을 쓰는 초창기에는 새벽에 일찍 와서 일했다. 내가 아침 7시에 왔을 때도 벌써 와서 각종 정보를 수집하는 그였다. 그는 그리고 항상 정보 수집에 열성이며 탁월한 분석력으로 전망을 작성해 사실 우리 룸의 딜러들은 보다 쉽게 일을 할 수 있었다. 고객이 원하는 자료들을 그 누구보다 빨리 제공하는 것도 그이다.

또한 그는 일이 끝나고 나서는 CPA를 준비하면서 학원에서 밤늦게까지 공부한다. 한마디로 그는 금융 분야에서 뛰어난 실력을 갖춘 전문가가 되기 위해서 끊임없이 노력하고 공부한다. 이러한 그의 모습은 룸에 있는 많은 사람들에게 귀감이 되고 있으며 그 덕분에 룸에는 자기 계발 붐이 일어났다.

Question 4. What do you consider the applicant's talents or strengths?

She does more work than anybody else in the dealing room. I taught her as her direct supervisor, and I have never seen anyone who learned so many things so quickly. She excels others in the ability to learn things quickly and adapt to new tasks promptly. She is faster and more accurate than others in taking care of her business thanks to these abilities of hers. In fact, it is extremely difficult to write about the current market situation, make dealings, and carry out marketing activities at the same time. But she seems to be able to do this because she is a fast worker.
Also, she has far greater intellectual desire than others. Unlike most others, whenever she is faced with something new, she attempts to do it for herself. I should say that her proactive and go-for-it attitude makes her stand out. When she writes about the market, she seems to understand the market so thoroughly that she can predict the daily fluctuations of the foreign exchange rates almost perfectly. Consequently, she is always confident in her dealings. Also, as she has a great interest in derivatives, she organized a study group within the dealing room, and studied very hard. Now she is actively dealing in AAA, for which the dealings used to be very slow. Most dealers concentrate on simple deals, but she is so proactive that she takes the initiative in introducing derivatives to her clients.

그는 우리 룸에서 그 어떤 사람보다 많은 일들을 하고 있다. 나는 그의

direct supervisor로서 그를 가르쳤는데 그만큼 많은 걸 한꺼번에 빨리 소화해 내는 사람은 본 적이 없다. 모든 일을 신속히 빨리 배우고 적응하는 그의 능력은 그 누구보다도 탁월하다. 그리고 이러한 그의 능력 덕분에 그는 업무를 하는 데에 있어서도 남들보다 빠르고 정확하다. 사실 시황을 쓰고 딜링하고 마케팅을 한꺼번에 한다는 것은 대단히 힘들다고 할 수 있는데 워낙 그가 빨리 일을 하기 때문에 가능한 것으로 보인다.

그리고 그의 지적 욕구도 남들과는 비교할 수 없을 정도이다. 그는 다른 사람들과 달리 새로운 것들을 접하게 되면 항상 그러한 것들을 실제로 해 보려고 한다. 이러한 그의 적극성, 추진력은 다른 그 누구보다도 뛰어나다고 할 수 있다. 그는 시황을 쓰면서 하루의 환율 움직임 레인지를 거의 정확히 맞출 정도로 시장을 보는 눈이 탁월해졌으며 이로 인해 딜 또한 항상 자신감을 가지고 한다. 그리고 더불어 그는 파생상품에 관심이 많아 룸에서 스터디를 조직해 열심히 공부한 뒤 실제로 거래가 별로 많지 않았던 AAA 상품 거래도 활발히 하고 있다. 대부분의 딜러들은 단순 딜에 집중하는데 그의 경우는 먼저 나서서 파생상품을 업체들에게 소개할 정도이다.

Question 5. Comment on the applicant's business ethics.

While working with her, I confirmed that she is very upright. In fact, some of the dealers at the customer desk demand excessive commissions from clients if the latter are not familiar with foreign currency exchange rates, and the cheated clients stop dealing with our investment company oftentimes. In the long run, this will bring certain loss to our investment company. However, she always presented correct market prices and commissions when dealing with her customers, and she maximizes profits by executing deals by herself. She is always honest and fair in her dealings with clients, and it may be because of these qualities that her clients continue to increase.

그와 같이 일하면서 그는 참으로 올바른 사람이라는 확인했다. 사실 일부 딜러는 만일 업체가 외환에 대해서 잘 모를 때 손님에게 과도한 수수료를 챙기는 딜러들이 있는데 속임을 당한 거래 업체들이 더 이상 우리 AAA 은행과 거래를 안 하는 경우가 종종 있으며 이는 장기적으로는 AAA 은행의 입장에서는 손실이다. 하지만 그는 항상 정확한 시장가와 수수료로 업체와 거래를 하고 본인이 직접 딜을 통해 수익을 극대화한다. 그의 경우는 진심으로 거짓말 없이 정확하게 업체와 거래를 행하며 아마 이러한 점들로 인해 그를 찾는 고객은 계속 증가하는 것 같다.

Question 6. How does the applicant's performance compare with that of his or her peers? How does he/she accept constructive criticism? How has the applicant grown during his/her employment with you?

Compared to other dealers, I believe her greatest strengths are her analytical skills and her ability to propose the best transaction timing. Everyone tends to hesitate in dealmaking, but she never hesitates and she is bold enough to make a deal immediately as the target level she has set up is reached. Also, when clients are hesitant about the deal, she offers them accurate advice, and presents satisfactory selling or buying time all the time. Clients say they like her because she never hesitates, and she is bold, and she provided them with reliable information. Currently she has struck the most ××× contracts with clients at the customer desk, thereby raking in huge revenues.

다른 딜러들과 비교해서 그의 강점은 analytical skills and her ability to propose the best transaction timing이다. 누구나 딜을 할 때면 망설이게 되지만 그는 망설임이 없고 그가 정한 타깃 레벨이 오면 즉시 딜을 수행하는 과감성을 가지고 있다. 또한 업체가 딜을 망설일 때에도 정확한 조언을 통해 업체에서도 항상 만족할 만한 selling or buying time을 제시한다. 업체들이 그를 좋아하는 이유는 바로 그의 망설이지 않는 과감성과 신뢰할 만한 정보의 제공 때문이라고 한다. 그리고 현재 customer desk에서 그는 가장 많은 ××× 계약을 업체와 체결, 대단한 수익을 벌어들였다.

Question 7. In what ways could the applicant improve professionally? ― OR What aspect of the applicant would you most like to change?

She has been doing well so far, but as she said, I think she needs more knowledge of the financial industry and a global perspective in order to further develop her career. Especially in order to overcome the prejudice against women and the seniority system with greater ease, she must be far more competent than her male colleagues. Accordingly I completely approve of and fully support her decision to pursue MBA.

그가 지금까지 잘해 오고 있지만 그가 말한 대로 그의 경력에서 더욱 뻗어 나가려면 금융 전반에 걸친 보다 많은 지식과 국제적인 시야가 필요하다고 본다. 특히 여자에 대한 편견과 연공서열이라는 장벽을 보다 쉽게 뛰어넘기 위해서라도 그의 동료 남자들보다 훨씬 더 뛰어난 실력을 갖추어야 할 것이다. 따라서 나는 그가 MBA를 가기로 한 것에 대해 전적으로 동의하고 지지한다.

Question 8. What will this individual be doing in ten years? Why?

Considering her greed for work, driving force, outstanding interpersonal skills and intellectual capacity, I am sure she will most likely become an upper-level manager in the future. As demonstrated by the fact that she is the president of the group of people who joined the company at the same time, she has excellent leadership skills. For her to become an upper-level manager in the financial industry of Korea, there are many barriers she has to overcome such as the prejudice against women and the seniority system, but as she has successfully coped with them so far, I have no doubt that she will become a competent manager in the future.

그의 일에 대한 욕심, 추진력, 그리고 뛰어난 interpersonal skill과 intellectual capacity 등을 고려할 때 그는 향후 upper-level manager로서 손색이 없다. 그는 그와 같이 입사한 동기들의 모임의 회장을 맡고 있어 남을 통솔하는 능력도 뛰어나다. 그가 향후 우리나라 금융권에서 upper level manage가 되려면 연공서열 등 눈에 보이지 않게 넘어야 할 장벽들이 많겠지만 이런 것들을 잘 극복해 왔기 때문에 그는 확실히 유능한 매니저가 될 것을 믿어 의심치 않는다.

Question 9. Are there any other matters which you feel we should know about the applicant?

I strongly believe that Ms. RRR is a strikingly competent person with outstanding managerial qualities such as leadership, intellectual capability, and strategic mindset. When she first mentioned her plan for the MBA, my first impulse was to oppose her in the sense that we would lose a valuable asset. However, in a conservative society like Korea, her conditions (the fact that she only possesses a B.A. even though she graduated from a prestigious university) might undermine her true value. If she completes an outstanding MBA course from such a prestigious university as QQQ I realized that she would stretch her dream in a broader world that befits her talent. Therefore, I saw eye to eye with her decision. Thank you.

나는 RRR 씨가 리더십, 지적인 능력, 전략적인 mindset과 같은 미래 경영자의 자질을 갖춘 인재라고 생각합니다. 처음 MBA에 대한 계획을 나에게 얘기했을 때, 훌륭한 인적 자원을 잃는다는 생각에 반대하고픈 욕심도 있었습니다. 그러나 한국이라는 보수적인 사회에서 그의 외양적인 조건(명문대를 졸업하긴 했지만 학사 학위만 소지했다는 점)이 RRR 씨의 진가를 희석시킬 수도 있다는 생각이 들었고, QQQ와 같은 우수한 MBA 졸업자라면 좀 더 그가 그의 능력에 어울리는, 넓은 세계에서 활동할 수 있다고 판단해 그의 유학 결정을 지지했습니다. 감사합니다.

10. 간호학 지원자의 직장 상사 추천서

To whom it may concern;

As the director of ××× Hospital Recovery Room, I have worked with Ms. Kim for nearly five years, since 20×× when she joined our division. Apart from taking care of patients in the post-operation recovery room, she is also in charge of many other important duties. For example Ms. Kim prepares patients in pre-op related to Anesthesia & scheduling of injections. I talk to her almost every day and know more about her strengths than anyone else. I also know her well personally, as we are in the same religious group in the hospital. Therefore, I accepted her request to write a letter of recommendation for her.

Among the forty nurses I direct, Ms. Kim is included in the three people who are most likely to succeed. Firstly, her self-confidence and motivation to reach goals are exceptional when compared to other members of staff. Secondly is her professional maturity.

When she first joined our division, her strong determination to learn enabled her to reach the same level of expertise that her senior co-workers who joined the division one to two years before her had reached. She tends to pursue her job diligently and always performs her duties with confidence. Moreover, her ability to complete projects and meet deadlines even though she has to work night shifts is exemplary.

The professional maturity she has developed over the past two years has made it possible for her to practice accurate judgment and prompt action when dealing with emergency situations. For example, when the patient's vital signs became critical during surgery, she was the first to assess what needed to be done and dealt with the emergency situation promptly. In addition, she also demonstrates maturity in consulting her senior co-workers frequently, even about areas she is well versed in, and I believe this quality will play a fundamental role in her growth.

Because she pursues perfection in her work and possesses the ability to perform her job quickly, there have been times when she demanded a lot from her junior co-workers, after I pointed this out to her, she has shown improvement. For instance, when her subordinates face obstacles, she enthusiastically assists them in solving them and when there was a clash of opinions amongst her colleagues, she effectively mediated the situation. She has consistently developed more mature interpersonal and teamwork skills. I believe her unique qualities will greatly help in coordinating the efforts of fellow students in various research projects at your university.

At first, I was extremely surprised when I heard Ms. Kim was going abroad to study. Moreover, I also could not understand why Ms. Kim, who had the greatest potential of anyone in our organization for fast-track promotion, was throwing away her stable status. However, taking into account the fact that she kept on pursuing her academic endeavors by attending graduate school while working, I am convinced of her clear motivation to study. Additionally, because she has more enthusiasm, passion and energy for her work than others, I strongly believe she will grow further at your university. In this regard, I strongly recommend her to your school.

나는 현재 ×××Hospital Recovery Room의 Director로서, 지난 2020년에 Ms. Kim이 우리 부서에 오면서부터 그와 함께 일해 왔다. 그가 우리 room에서 맡은 역할은 taking care of patients in post operating 외에도, taking care of patients in pre-operating, scheduling of medicine injection 등 중요한 것이 많아서 거의 매일

나와 많은 대화를 나누고 있기 때문에, 나는 누구보다도 Ms. Kim의 장점을 잘 알고 있다. 또 나는 그와 사내 종교 동호회 활동을 함께해 왔기 때문에 in a personal contexts에서도 그를 잘 알고 있어서 그의 추천서 요청을 기꺼이 받아들였다.

내가 현재 지휘하는 40여 명의 간호사 중에서, Ms. Kim이 성장 가능성이 가장 높은 3명에 포함된다고 보는 데는 크게 두 가지의 이유가 있다. 첫째는, 그의 self-confidence and motivation to goal 능력이 다른 직원에 비교해서 매우 뛰어나기 때문이다. 처음 우리 부서에 왔을 때부터 그는 일을 배우고자 하는 의욕이 무척 강했기 때문에 곧 1-2년 먼저 들어온 선배들과 같은 수준의 업무 능력을 보였다. 그는 자신이 한 일에 대해 완벽을 추구하는 스타일로, 자신이 맡은 일은 항상 자신 있게 추진하고 야근을 해서라도 꼭 업무를 완수하는 ability to complete projects and deadlines가 매우 뛰어났다.

본인이 완벽함을 추구하고 업무 수행 능력이 빠르기 때문에 가끔 후배들에게 그러한 것을 요구하는 모습이 있었으나 나는 이 점에 대해서 몇 차례 조언을 했고 최근에 그는 많은 변화를 보여 주고 있다. 예를 들어 Subordinates가 어려운 일에 처하면 적극적으로 이를 해결해 주고 colleagues들 간에 의견 충돌이 있는 경우는 스스로 나서서 중재하는 성숙한 interpersonal and teamwork skills를 갖추게 됐다. 나는 이런 그의 unique qualities가 귀 대학의 다양한 research project에서 fellow students를 통합시키는 데 큰 도움을 줄 것이라고 본다.

두 번째는 지난 2년간 그가 크게 발전시킨 professional maturity 때문이다. 이것은 그가 다년간의 경험으로 응급 상황에 대처하는 기민함과 정확한 판단력까지 갖추었기 때문에 가능한 듯하다. 하나의 예로 수

술을 하다가 환자의 상태가 갑자기 나빠졌을 때, 그는 누구보다 먼저 필요한 것을 판단하고 처치하여 많은 응급 상황을 대처해 나간다. 또한 그는 비록 그가 더 잘 알고 있는 분야라도 선배들에게 자주 자문을 구하는 maturity를 보여 주고 있는데 이 quality는 앞으로 그의 성장에 핵심적인 역할을 할 것이라고 본다.

햇수로 5년 차를 바라보고 있는 Ms. Kim이 유학을 간다고 해서 사실은 처음에 무척 놀랐었다. 더군다나 누구보다도 fast track record를 밟아 왔기 때문에, 우리 조직에서 성장 잠재력이 큰 그가 안정된 지위를 버리고 가는 것을 처음에는 이해하지 못했다. 그러나 그가 직장에 다니는 중에도 계속 대학원에서 공부하면서 academic growth를 추구해 온 점에 비추어 볼 때, 그가 분명한 motivation to study를 가지고 있다고 판단한다. 더군다나 그는 누구보다도 자신의 일에 대한 적극성, 열정, 능동성을 갖고 있기 때문에, 귀 대학에서 충분히 성장할 사람이라고 판단해서 그를 당신의 학교에 강력하게 추천한다. Thank you.

11. 건축학 지원자의 직장 상사 추천서

To whom it may concern;
I first met Mr. Kim in December of 20×× in the new-entry interview process of our architecture company. I remember his portfolio at that time to be nothing too spectacular, but creative and unique at the same time. He displayed a profound understanding of his work in the interview and his confidence and composure were appealing. With unanimous consent from five screening committee members, including myself, he became an employee at our company, winning a 40 to 1 competition for the position.

After joining the company, Mr. Kim as posted in the Architecture Team of LLL where he learned PPP. At that time, LLL's OO Department was seeking architecture work to be done on RRR and TTT. Because the project was independent on a small scale, I entrusted the schematic design of Mr. Kim, who was a new employee. I did not have high expectations, but he worked extremely hard on the projects by staying up a few nights in the office with an enthusiastic attitude. He then presented an excellent design, especially for a new recruit. He did not only design the SSS, but analyzed the surrounding context well and enhanced existing problems. I was satisfied with his plan overall and only asked him to modify a few things before proceeding with the project.

One year after he joined the company, I entrusted him with PM (Project Management) of GGG. He exceeded my expectations with his fast work performance and presentation of creative plans. What is more, he never completed any projects half heartedly and considered all projects to be his own responsibility. As an example, when he took charge of the YYY, in order to build better buildings, he persuaded the constructor who wanted to build the buildings roughly. With this,

I firmly believe his love for architecture will develop him into a brilliant architect.

As a manager who gives work orders to employees, I highly assess his superb computer graphic skills. He does not only use computer graphics in the final presentation, but also uses them in to process of designing buildings. He has taught himself various graphic programs whenever he has had the time, and has successfully applied it to work, which I find admirable. I believe this presentation skill of his will be used constructively in his communication with his classmates and professors at your graduate school.

He is one of the most brilliant employees I have met while managing the office, and is someone who stimulates his coworkers. Above all, what I remember the most about Mr. Kim is that he always came to work 15 minutes early and checks his daily schedule. His form that has never changed throughout the year and nine months of work, despite the frequent night shifts, can be summarized into two words, which are 'diligence' and 'responsibility'. I strongly believe he will perform well in your program and that he is fully prepared to attend your program. I proudly recommend Mr. Kim, who was once an employee of our company, to your graduate school. Should you have any further inquiries about him, please do not hesitate to contact me at your convenience. Thank you.

저는 Mr. Kim을 2021년 12월, 우리 회사(건축설계사무소)의 신입 사원 면접시험 때 처음 만났습니다. 당시 그의 포트폴리오(portfolio)는 미숙한 듯하지만 창의적이고 독특한 개성이 드러나는 작품들로 구성되어 있었던 것으로 기억됩니다. 면접에서 그는 자신의 작품에 대한 깊은 이해도를 보여 주었고 자신감 있는 태도와 차분한 어투가 매력적이었습니다. 저를 포함해서 5명의 심사위원의 만장일치로 그는 약 40:1의 경쟁률을 뚫고 우리 회사에 입사하게 되었습니다.

　Mr. Kim은 입사 후 LLL 설계팀에 배치되어 PPP 업무를 배워 나갔습니다. 당시 LLL ○○과에서는 RRR과 TTT를 같이 의뢰해 왔습니다. 규모도 작고 독립적인 프로젝트였기 때문에 신입 사원인 Mr. Kim에게 기본디자인(schematic design)을 시험 삼아 맡겨 보았습니다. 큰 기대를 하지 않았지만 그는 열정을 가지고 며칠 밤을 사무실에서 지새우면서 그 프로젝트에 매달렸습니다. 그리고 신입 사원치고는 뛰어난 설계안을 제시했습니다. SSS만을 디자인한 것이 아니라 주변 context를 잘 분석하고 기존의 문제점들을 개선한 좋은 안이었습니다. 저는 흡족하여 그에게 몇 가지 수정 사항만을 지시하고 일을 계속 진행시켰습니다.

　그가 입사한 지 1년이 지난 후, 저는 그에게 GGG P.M.(project management)을 맡겼습니다. 그는 창의적인 대안 제시와 빠른 업무 수행으로 항상 저의 기대를 거스르지 않았습니다. 게다가, 그는 한 프로젝트를 맡으면 그 프로젝트는 자신의 것이라는 애정이 있어서 결코 대충 일을 마무리하는 법이 없습니다. 실례로 그가 YYY를 맡았을 때, 더 좋은 건물을 만들기 위해서 대충 건물을 지으려 했던 건축주를 오히려 설득했던 모습이 기억이 납니다. 이런 건축에 대한 애정이 그를 좋은 건축가로 만들 것이라고 저는 확신합니다.

　사무소에서 직원에게 일을 시키는 소장의 입장에서, 저는 Mr. Kim의 뛰어난 컴퓨터 그래픽 능력을 높이 평가합니다. 그는 컴퓨터 그래픽을 마지막 프레젠테이션에만 이용하는 것이 아니라 건축물을 디자인하는 과정에도 이용을 합니다. 틈틈이 독학으로 여러 가지 그래픽 프로그램들을 익혀서 실무에 적용하는 모습을 보면 대견스럽습니다. 이런 프레젠테이션 능력은 귀하의 Graduate school에서 동료 학생이나 교수진과의 커뮤니케이션에 유용하게 쓰이리라 생각합니다.

그는 제가 사무실을 운영해 온 동안 만난 직원들 중에서도 단연코 뛰어나고 동료 직원들에게 자극을 줄 수 있는 사람입니다. 무엇보다, Mr. Kim에 대해 가장 기억에 남는 모습은 항상 아침 출근 시간 15분 전에 자리에 앉아 하루의 일정을 체크하던 모습입니다. 입사 후 퇴사할 때까지 숱한 야근에도 불구하고 만 1년 9개월 동안 계속 변치 않았던 그 모습은 성실성과 책임감이라는 단어로 축약될 것 같습니다. 저는 Mr. Kim이 귀하의 프로그램을 잘 수행할 것이며 준비되어 있는 사람이라고 믿고 있습니다. 저는 한때 우리 회사의 직원이었던 Mr. Kim을 자랑스럽게 귀하의 Graduate School에 추천합니다. 그에 대해 궁금한 점이 있거나 확인할 사항이 있으시면 언제라도 저에게 연락해 주시길 바랍니다.

12. 건축디자인 지원자의 교수 추천서

To whom it may concern;

It is with great pleasure that I write this letter of recommendation for Ms. Kim for admission to WWW's Master of CCC program. I first met her when she attended my EEEE and RRRR classes in 20××, and is presently in my LLLL class. Since then, I observed her continuously with great interest. Most of all, she has always demonstrated exceptional academic passion and artistic talent, and I gladly make this recommendation on her behalf.

Primarily, she has a constructive understanding of architectural design and the essence of space design. She also appreciates the human factor in creating architecture, devoted to fulfilling the role of a space designer to providing a stage of space experience. The topic of the 'KKK' holds great interest with her, to which she has committed a great deal of consideration to how it is perceived, how it was perceived, and how it will be perceived in the future. Thus, she demonstrates rich sensitivity and imagination, producing exciting projects. I firmly believe her basic understanding of architecture will prove a strong foundation for her maturity into a brilliant architect.

Her architectural designs show characteristics of originality, due to her inventive thoughts about space and her ability to think passionately, creatively, and freely. Unlike many students, who simply investigate and apply architectural theories in producing space, she reaches further and studies the human spirit and motion, even looking to music and art for basic theories. She not only has strong curiosity for diverse fields, but also has a surprisingly profound understanding in these fields. The interest in diverse fields of arts she possesses makes her expression and formation in expressing architectural topics outstanding. Indeed, I see her passionate artistic talent and unique approach as her most distinguished and valuable strengths.

Lastly, she possesses exceptional logical thinking skills and analytical abilities. Despite her implementation of lyrical and artistic methods, she nevertheless employs the logic and analysis necessary for architecture, always endeavoring to conceptualize and detail her thoughts. In presenting her concepts visually, she proves one of the best students I have ever instructed, revealing her ability to complete realistic work by carefully determining its feasibility in reality. I praise her efforts for maintaining her sharp observation and analytical skills at all times.

I strongly recommend her to your school, certain you will find her worthy of acceptance to your master's program. She possesses rich sensitivity and imagination, academic interest and passion towards her major, and potential for growth rare in most students. Should she complete WWW excellent education program, she will undoubtedly become a leading figure in the architectural world.

이것은 WWW 대학의 CCC 과정에 지원하는 Ms. Kim을 위한 추천서로 나는 이 편지를 쓰게 된 것을 매우 기쁘게 생각한다. 내가 Ms. Kim을 알게 된 것은 그가 2019년에 EEE와 RRR 수업에 참여하면서부터이며, 그 후 계속적인 관심을 가지고 나는 그를 지켜보아 왔다. 현재는 LLL 수업에서 그를 담당하고 있는데 평소에 다른 학생에 비교해서 그의 예술적 재능, 잠재력, 학문에 대한 열정을 높이 평가해 왔기 때문에 그의 추천서 요청을 기꺼이 받아들였다.

무엇보다 그는 건축 디자인에 대한 positive한 생각을 가지고 있으며 공간 디자인의 본질을 이해하고 있는 학생이다. 그는 인간의 존재와 행위가 건축을 발생시키는 주요한 요소라는 것을 이해하고 공간 디자이너의 역할인 공간 체험의 장(場)을 제공하는 것에 충실하려고 항상 노력한다. 그는 언제나 KKK란 과제를 들고 많은 이야기와 토론을 했으며 그것이 어떻게 지각되었고, 지각되고 있으며, 미래에는 어떻게 지각될 것인지에 대한 작업을 이미지화시키는 데 집중하였다. 그 과정에서 그는 풍부한 감수성과 상상력을 발휘하여 exciting한 project를 만들어 내곤 하였다. 그의 이러한 건축에 대한 기본적인 이해는 그가 훌륭한 건축가로 성장하기 위한 탄탄한 토대임을 확신한다.

그의 건축 디자인의 특징은 독창적이라는 점인데, 이것은 그가 공간에 대한 positive한 생각을 가지고 있으며 열정적이고 창의적이고 자유로운 생각을 하는 능력이 있기 때문이다. 많은 학생들이 공간을 produce하는 데 있어서 건축 이론만을 탐구하고 적용하려고 하는 것과는 달리 이 학생은 이론을 기본으로 더 나아가 spirit과 human activity 그리고 music, art를 공부한다. 그는 이러한 분야에 대한 호기심이 강할 뿐만 아니라 깊은 이해로 나를 놀라게 하기도 하였다. 여러 예술 분야에 두루두루 관심을 가지고 있어서 그런지 건축적 주제를 표현하는 데 있어서 그 표현력과 조형성이 뛰어났다. 특히 남들과 다른 접근 방식을 가지고 있는 그의 예술적 재능과 열정은 그의 가장 distinguished and valuable strength라 생각한다.

마지막으로 내가 추천하고 싶은 그의 quality는 논리적 사고와 분석력이다. 그의 사고 방법이 다분히 서정적이고 예술적인 데 비하여 그는 이러한 개념들이 건축화되기 위해서는 많은 논리와 분석이 필요함을 충분히 인식하고 있다. 그래서 언제나 자신의 생각을 현실화하고 디테일화하는 쪽으로 풀어 가려고 노력한다. 자신의 콘셉트를 비주얼로 나타냄에 있어서 그것이 현실적으로 얼마나 가능성이 있는 것인지 항상 꼼꼼히 살펴보고 적용하여 사실감 있는 작품을 완성하는 능력에서는 내가 가르치는 제자 중에서 가장 탁월하다. 비록 그것이 언제나 완전히 해결되지는 않더라도 끝까지 날카로운 관찰력과 분석력을 잃지 않기 위해 노력하는 모습에 아낌없는 칭찬을 보내고 싶다.

  이러한 이유들로 볼 때 나는 그를 추천하며 이 학교에 석사과정에 입학하기를 바라는 Ms. Kim에 대해 긍정적으로 검토해 주길 바란다. 그는 풍부한 감수성과 상상력, 자신의 전공에 대한 academic interest and passion, 그리고 growth potential에서 자신의 동기들 중에서 가장 우수한 그룹에 포함된다. 따라서 WWW 대학의 우수한 교육 훈련을 거치면 먼 미래에 우리 건축계를 이끌 leader가 될 재목이라고 확신하기 때문에 그를 귀 대학에 적극 추천하는 바이다. 감사합니다.

13. 생물학 지원자의 교수 추천서

To whom it may concern;

It gives me a great pleasure to write a letter for Ms. Kim. I first met Ms. Kim four years ago when she attended my class entitled, 'a'. After that, I became aware of her academic strength and personal integrity while she attended three of my classes from 20×× to 20××. I believe I can assess her objectively, because of our mutual involvement with seminars and workshops more than three times a year. Through these seminars we had the chance to exchange various opinions, and through these interactions I've been very impressed by her and am delightedly to accept her request for me to write a letter of recommendation for her.

One of her strengths that I would most like to recommend is her passion towards her studies and the excellent scholastic record she has acquired as a result. She received an 'A' average in my classes, which were only awarded to the upper 5% of the students. She was able to demonstrate such excellent academic skills through her class preparation and active participation in discussions. For instance, X always arranged her materials, made meticulous field preparations, and set a good example to others in 'subject A', the first class I taught her during undergraduate school, as well as 'subject B' the following year. She also showed enthusiasm for not sparing her body during field studies. In addition, during graduate school she took one of my classes, 'subject C' where I mainly focused on 'D'. Despite the fact that 'D' was an extremely difficult concept to understand, she took it in, led discussions with her peers, and arranged her materials systematically. Through this, I was able to detect Ms. Kim's enthusiasm, academic accomplishments and cooperation.

In addition, she selected 'BF' as the subject for her master's thesis.

Despite the fact that it was painstaking and time-consuming because of the thin layers that required extensive observation through the microscope, she endured with a constant effort and perseverance and studied by looking through all sorts of references. This made me realize that she was a perfectly prepared student. As a result of this effort, her thesis was contributed to 'G', a prominent journal of Korea, which was the first time a graduate student in our program received such an honor. Although this was very much a personal accomplishment, it also contributed to forming a more productive and academic graduate school atmosphere by encouraging other graduate students.

Another point I would like to recommend is her exceptional oral communication and presentation ability, which she has displayed through various seminars and workshops. During the time I've known her, I've been very impressed that she never stops pursuing an understanding of the knowledge she acquired, but has instead moved toward building the ability to express what she learned in English, which is not her mother tongue. I would like to mention one example from 'E Workshop' that was held during March 20××. I participated in the workshop with two colleagues and ten students. Ms. Kim's presentation on the second day of the workshop deeply impressed the participants due to the in-depth content of her report and excellent English abilities. Her English skills are in the upper 3% of all the students I have taught over the past twenty years. With this as a foundation, I believe she will be able to demonstrate her potential to the fullest without being restricted by English.

When she expressed her intention to study abroad, I gave her my active support. I believe she will become the most influential scholar and opinion leader in the field of paleontology, which she will study, if she has the opportunity to earn a doctorate degree from your school, taking into account the lack of experts in this field in Korea. In this regard, I strongly recommend Ms. Kim to your school as I believe she has enough potential to lead in the field of geology and paleontology of Korea.

　내가 Ms. Kim을 처음 만난 것은 4년 전으로 당시 그는 내가 가르친 AAA 과목을 수강하는 학생이었다. 그 후 2019-2021년 사이에 내가 가르친 세 과목을 그가 수강하면서 나는 그의 academic strength and personal integrity에 대해서 잘 알게 됐다. 나는 수업 외에도 연간 3차례 이상의 seminar and workshop에 그와 함께 참석하여 다양한 의견을 나누었기 때문에 그에 대해 객관적으로 평가할 수 있다고 생각해서 추천서 요청을 흔쾌히 받아들였다.

　우선 내가 가장 추천하고 싶은 그의 장점은 자신의 전공에 대한 정열과 이 결과로 얻게 된 좋은 scholastic record이다. X는 내가 강의한 과목에서 평균 A 학점을 받았는데 이것은 전체 수강생 중에서 상위 5%에 들어가는 좋은 성적이다. 그가 이런 좋은 academic skill을 발휘할 수 있는 것은 수업에 대한 준비성이 철저하고 토론 등에 적극적이기 때문이라고 본다. 예를 들어 학부에서 처음 가르친 A 과목과 그 이듬해의 B 과목에서 Ms. Kim은 철저한 필드 준비와 자료 정리로 타의 모범이 되었으며 힘든 필드에서도 몸을 사리지 않는 열성을 보였다. 또한 이 학생이 대학원에 진학해서 수강한 C 과목에서 나는 주로 D에 중점을 두었는데 이는 쉽게 이해하기 어려운 개념임에도 불구하고 이들을 자신의 것으로 소화하고 급우들과의 토론을 주도하며 자료를 체계적으로 정리하는 것에서 나는 Ms. Kim의 배우고자 하는 열성과 뛰어난 학업 수행 능력, 협동성을 간파할 수 있었다.

　또한 대학원에서 이 학생은 석사 논문 주제로 BBB를 택했는데, 이것은 하루 종일 현미경으로 박편을 관찰해야 하는 painstaking하고 time-consuming한 작업임에도 불구하고 부단한 노력과 인내심으로 견뎌 냈고, 끊임없이 reference를 찾고 공부하는 모습에서 완벽히 준비된 학생임을 알 수 있었다. 또한 이러한 노력의 결과로 우리 학교 석사과정의 학생으로는 처음으로 한국의 저명한 저널인 GGG에 논문을 투고했다. 이는 개인적인 성과이기도 하지만 다른 대학원생들을 고무시켜 좀 더 학구적이며 생산적인 대학원 분위기를 조성하는 데 기여를 했다.

내가 또 하나 추천하고 싶은 그의 장점은 여러 과 차원의 세미나와 학회에서 보여 준 뛰어난 oral communication and presentation ability이다. 이것은 학생이 지식을 소화하는 데 그치지 않고 그것을 적절하게, 또 모국어가 아닌 영어로도 표현할 수 있는 능력을 갖췄음을 보여 준다. 그중 가장 뛰어난 예로 나는 2018년 3월의 E workshop을 들고 싶다. 이때 나는 두 명의 동료 교수와 10명의 학생과 함께 여기에 참가했다. Workshop의 둘째 날에 보여 준 이 학생의 발표는 유창한 영어와 깊이 있는 내용으로 참가자들에게 깊은 인상을 남겼다. 이런 영어 실력은 내가 20년 넘게 가르쳐 온 학생들 중에서 상위 3퍼센트 이내에 드는 것으로, 이를 바탕으로 외국에서 공부할 때 영어에 크게 얽매이지 않고 자신의 잠재성을 맘껏 발휘할 것이라고 나는 자신할 수 있다.

그가 나에게 유학 의사를 밝혔을 때 나는 이에 적극 찬성했다. 왜냐하면 그동안 자신의 전공에 대한 그의 학습 태도와 앞으로 그가 공부할 분야에 전문가가 부족한 한국의 현황에 비추어 보았을 때 그가 귀 대학에서 학위를 받으면 이 분야에서 가장 영향력 있는 scholar and opinion leader가 될 수 있을 것으로 보았기 때문이다. 이런 점에서 나는 그가 한국의 고생물학을 이끌어 갈 잠재력이 충분하다고 판단되기 때문에 Ms. Kim을 귀 대학에 강력히 추천하는 바이다. 감사합니다.

14. 기계공학 지원자의 직장 상사 추천서

To whom it may concern;
Working as a technical director in Y business of X company, I worked as a principal researcher with the applicant at BBB Network Systems Co. four years ago. At that time, he was a senior researcher and a lead programmer with the 'KKK' He made a memorable contribution to his company and continuously gave me invaluable technical advice. Above all, I found him an excellent teacher and advisor to his fellow developers. When speaking with his colleagues, he always paid close attention to the requests of others and he explained technical issues logically and easily understandable. Moreover, for those inexperienced developers, he invested his time encouraging and praising them to develop their skills. He poured his programming skills into the less experienced developers and provided precious advice for me in creating a plan for the future products to develop. Most developers looked up to him for his leadership and he in turn showed great respect for them.

Furthermore, his LLL abilities made him reliable as a lead programmer. In BBBB, he took charge of developing the AAA for EEE which passed the YYY Test in the shortest period of time. By passing the YYY, the company supplied the network device to EEE and successfully generated approximately D million dollars in sales. Based on this, I began to respect him greatly for all his efforts which made EEE trust the company. Additionally, he produced inventive ideas nearly like a machine. For instance, he thought of the idea of the "GGG". His GGG not only created a great deal of interest in the RRR market but also contributed to making the reputation of the company widely known.

I am thankful for being given such an opportunity to work with him at that company, and I sincerely wish to work with him in the future. Furthermore, I assert that that his abilities will prove suitable for graduate studies at your university. He will undoubtedly flourish not only in Korea, but also in foreign countries, and most of all at your school as well. Thank you.

나는 X Company의 Y 사업부 EEE로 있으며, 4년 전 WWW라는 회사에서 그의 principal researcher였다. 그는 'KKK' 소속의 a senior researcher이자 a lead programmer였다. 내가 그를 잊지 못하는 특별한 이유는 바로 나에게 끊임없는 기술적 조언을 해 준 점과 그가 그 회사에 기여한 공로 때문이다.

그의 Principal Researcher로서, 무엇보다도, 그는 동료 개발자들과 나에게 있어서 훌륭한 스승이자 조언자였다. 그는 그의 동료와 대화하는 데 있어서 항상 그들의 요구 사항들을 끝까지 경청하고, 기술적 질문에 대해서는 그들이 이해하기 쉽도록 논리적으로 잘 설명해 주었다. 그뿐만 아니라, 경험이 부족한 개발자들에게는 그들이 능숙한 개발자가 될 수 있도록 칭찬과 격려를 아끼지 않았다. 그가 지닌 프로그래밍 기술은 경험 적은 개발자들에게는 사막의 물과도 같았다. 그리고 그는 내가 앞으로 개발할 제품의 로드맵을 구상하는 데 있어서 나에게 진심 어린 충고와 조언을 아끼지 않았다. 그의 리더십으로 대부분의 개발자들이 그를 존경했으며, 그 또한 그들을 존중하였다.

또한, 그를 선임 개발자로 신뢰하도록 만든 것은 그가 가진 LLL 능력이라 생각한다. 그는 2021년 EEE에 AAA으로 납품되는 장비 개발을 맡았는데, 이 장비는 EEE의 엄격한 YYY 테스트를 최단 시일에 통과한 제품이었다. YYY의 통과로 회사는 EEE에 그 장비를 공급하여 약 D million dollars의 매출을 올리는 데 성공하였다. 이로 인해 나는 정부가 회사를 신뢰하도록 기여한 그의 노력에 깊은 존경심과 신뢰감을 갖게 되었다. 나는 가끔 버튼을 누르면 참신한 아이디어가 나온다는 의미에서 그를 "XXX machine"이라고 부르곤 했다. 예를 들어 그가 생각해 낸 아이디어 중 하나가 경쟁사들이 시도하지 않았던 GGG였다. 그가 디자인한 이 GGG는 RRR 시장에 큰 관심을 불러일으켰을 뿐 아니라, 우리 회사의 명성을 알리는 데 큰 기여를 하였다.

  나는 그 회사에서 그와 함께 일을 할 수 있었다는 것에 대해 나의 신께 감사를 드리며, 내 경력에 있어서 다시 한번 그와 함께 일을 할 수 있기를 진심으로 바란다. 그리고 그가 나에게 보여 준 능력과 노력은 그가 귀교의 박사과정 학생으로서 조금도 손색이 없음을 증명해 준다고 확신한다. 나는 그가 한국이 아닌 외국에서 그의 능력을 증명하길 진심으로 바라며, 귀교에서도 그의 입학에 큰 관심을 보여 줄 것이라 믿는다. 감사합니다.

15. 무대디자인 지원자의 교수 추천서

To whom it may concern;
As Ms. Kim's professor since her freshman year 20×× to her graduation, not only did I advise her academically, but I had many discussions about her future plans and goals. She is a person of great fever and originality in art.

   나는 Ms. Kim이 신입생이던 2016년부터 Ms. Kim의 담당 교수로서 Ms. Kim이 졸업할 때까지 전공수업에 관련된 이야기뿐 아니라 개인적인 일까지 많은 이야기를 나누며 그의 성장 모습을 옆에서 지켜보았다. 나는 그가 예술에 대해 매우 열정적이며, 창의적인 학생이라고 말하고 싶다.

Since her freshman year, Ms. Kim explored and obtained extensive knowledge on stage art by participating in a group called "AAA" sponsored by the Art department. She put in her vigorous efforts in various stage events and brought the group fame.

   Ms. Kim은 1학년 때부터 AAA라는 미대 내의 서클에서 활동하면서 무대예술과 관련된 지식을 높여 왔다. 교내의 각종 행사는 물론 교외의 여러 행사 무대까지 발을 넓혀 가면서 관련 업계에 서클의 이름을 알려지게 한 장본인이기도 하다.

When she brought me her sketch of drawings for the first time, I thought that she would have done better if she had painted them instead. However, I observed unique creativity in her drawings, which applied western art with Korean traditional techniques such as the use of Korean ink. From her creative drawing skills, I believe that if she had many experiences along with technical skills, she would become an excellent artist in any field of art. In particular, if she applies her artistic skills to a scene design, she will have ability to create a unique background design with a mixture of both western and oriental characteristics.

처음 그가 가지고 온 그림들을 보고 나는 그가 painting을 했으면 더 잘했을지도 모른다는 생각이 들었다. 그의 그림은 먹 등 한국의 전통적인 소재를 서양화에 도입한 것들로 창의적인 면이 돋보였다. 그의 그림으로 판단하는바, 미국 유학을 통해 많은 경험과 기술적인 면이 가다듬어진다면 그는 어느 분야에서나 훌륭한 예술가로 성장할 수 있을 것이라고 생각한다. 특히 그의 painting적 자질이 scene design에서 발휘된다면 동양과 서양이 결합된 독특한 배경 디자인을 창조해 낼 수 있으리라고 판단한다.

However, because of the lack of drama effect in her background designs, I recommended for her to study in U.S. to compensate for this weakness. It would be my pleasure to see XXX developing her skills in art in your college.

그는 아직 drama의 특성을 파악한 후 이를 배경 디자인에 투영시키는 점에서 다소 부족하다고 느끼고 있으며, 미국 유학을 통해 이 점을 보완하도록 나는 충고해 왔다.

Because of her active leadership role in the group, she started getting behind in her school work in her sophomore year of 20××. At that time, we had many serious discussions about her future and I advised her in many things about her work. It was through our discussions that I realized her passion and love for stage art, and I made her promise to study hard and improve academically. Afterwards, through her part-time job in the broadcasting station, Ms. Kim participated in many kinds of Korean movies, such as "BBB", as a cast of art directing. Ms. Kim studied diligently in her academic work and exceptionally improved her grades.

2019년 그가 2학년 때, 서클의 리더를 맡으면서 학업에 조금 부진했을 때에도 그는 항상 나와 진지한 대화를 나누었으며 그의 일에 대해 많은 이야기를 해 주었다. 그러한 대화를 통해 그의 무대미술에 대한 열정과 사랑을 알게 되었고, 학업에 소홀하지 않을 것이라는 약속과 함께 그의 일에 대한 격려도 아끼지 않았다. 그 후, 그는 방송국 아르바이트, "BBB" 등 한국에서 제작된 여러 영화에서 아트디렉터의 일원으로 많은 활동을 하면서도 전공수업에도 뛰어난 열성을 보여 우수한 성적을 이루어 냈다.

Ms. Kim is the one exceptional student that made me realize the sole purpose of teaching. She is a student full of sensibility and imagination, and is the kind of person who can express it very well. Through her diverse cultural experience in her college life, Ms. Kim made the decision to head towards the right direction. I hope that Ms. Kim will be able to accomplish extensive knowledge with great fever in your college as she had through her college life in Korea.

Ms. Kim은 나에게 스승으로서의 보람을 느끼게 한 학생 중 하나이다. 그는 풍부한 감수성과 상상력을 가지고 있으며 그것을 표현해 낼 수 있는 능력을 가진 학생이다. 그뿐만 아니라 대학 생활의 많은 경험을 통해 다양한 문화와 매체를 섭렵하고 자신이 나아갈 길을 확실히 선택하였다. 대학 시절에 한국에서 보여 준 모습처럼 유학을 가서도 식지 않는 열정으로 귀교에서 뛰어난 학문적 성취를 이룰 수 있을 것이라 확신한다.

16. 미술 지원자의 동료(peer) 추천서

To whom it may concern;

I was one of the fellow students of Mr. Kim at WWW and had the opportunity to take part in a 10 month program with him. I am extremely happy to write this recommendation letter for Mr. Kim. During the program, I watched his artwork and his personal aspects more closely than anybody else and therefore, I am able to successfully evaluate him from the most objective perspective.

Mr. Kim has the ability to transmit his intentions very clearly through his artwork. He particularly showed an outstanding sense in choosing appropriate materials in each operation and his senses were the groundwork of what he intended to show through his works. He repeated contrasting materials with opposing properties or experimenting combinations of raw and processed materials. He actually acquired successful outcomes and continued experimenting with the properties of lines. His further experiments in expression methods were appreciated not only in his projects, but also in his feedbacks on others' projects. His analyses on the expression methods he visited in KKK exhibitions and their affects as an extension of our learning were very delicate and productive.

Furthermore, he always demonstrated outstanding leadership. He smoothly became the leader of our group and Mr. Kim was always active in accepting opinions to make our working environment a better place. He put his best effort towards all of his projects, but in the meantime, he never forgot to humanely encourage others. His leadership, which was appreciated by everybody at the institution, was brightened even more during our outdoor workshop. He generally managed the group activities and separation of tasks for our first group project, which was unfamiliar to all of us, through his outstanding capacity as a leader. In particular, he mediated all members' opinions to integrate their intentions and his philosophical and sincere leadership greatly stood out when harmonizing all members' input into one huge project.

I am certain that Mr. Kim has the artistic ability and humane sensibility that will be required to excel at your excellent FFF program, and therefore recommend Mr. Kim for admission. Also, his talents and passions will contribute to the creative art of your school and he will successfully develop into a professional designer through the full support of your school. If you contact me via e-mail with any additional questions about Mr. Kim, I will be happy to promptly respond to them. Thank you.

저는 WWW에서 10개월 동안 Mr. Kim의 미술 작업 과정을 함께한 동료로서, Mr. Kim의 추천서를 쓰게 된 것을 기쁘게 생각합니다. 작업 기간 동안에 누구보다 그의 작품을 비롯하여, 인간적인 면까지 가장 가까이서 관찰한 경험을 바탕으로 그에 대해 최대한 객관적으로 표현하고자 합니다.

Mr. Kim은 미술 작업을 통해 자신이 말하고자 하는 바를 누구보다 선명하게 전달하는 능력이 있는 사람입니다. 특히 Mr. Kim은 매 작업 과정에서 재료를 선택하는 데에 탁월한 감각을 보여 주었는데, 그 작품을 통해서 그가 드러내고자 하는 생각이 무엇인지 드러나게 하는 밑바탕이 되었습니다. 그는 작업 과정에서 물성이 상반되는 재료를 대비시킨다던가, raw material과 가공된 재료를 병치하는 표현 실험을 반복하였고, 성공적인 결과를 얻어 내었으며, 선의 성질에 대해서도 많은 실험을 하였습니다. 그가 표현 방법에 대해 깊은 연구를 하고 있다는 사실은 비단 작업을 할 때뿐만이 아니라, 타인의 작품을 감상할 때에도 돋보였는데, 작업의 연장선에서 방문한 한 KKK 전시회의 작품들에서 나타나는 표현 방법과 그것이 어떠한 효과를 가지는지에 대한 그의 분석은 매우 섬세하고 productive한 것이었습니다.

그뿐만 아니라 그는 매사에 돋보이는 리더십을 발휘하는 사람이었습니다. 우리 작업 그룹에서 자연스럽게 leader가 된 Mr. Kim은 작업실을 작업하기 좋은 곳으로 만들기 위한 의견 수렴에 항상 적극적이었고, 본인의 작품 활동에 최선을 다하는 한편, 다른 사람들을 인간적으로 격려하는 것도 잊지 않는 사람이었습니다. 학원에서 모든 사람들의 신뢰를 받고 있는 그의 리더십은 학원 차원에서 있었던 야외 워크숍에서 더욱 빛났는데, 처음으로 했던 반 단위의 공동 작업에서 작업 방향과, 작업 분담을 총괄적으로 지휘하였던 그는 모두에게 익숙하지 않은 공동 작업을 사고 없이 진행해 나가는 데 뛰어난 기량을 발휘했습니다. 특히 작업 취지가 분열되지 않도록 사람들의 의견을 조정하고, 하나의 큰 작품 아이디어로 아우르는데, 그의 철학적이고 성실한 리더십은 단연 부각되는 면모였습니다.

저는 Mr. Kim이 귀교의 우수한 FFF 과정이 요구하는 예술가적 재능과 인간적 감수성을 갖춘 사람이라고 확신하며, Mr. Kim의 입학을 추천합니다. 또한 Mr. Kim의 재능과 열정은 귀교의 창조적인 예술성에 기여하는 한편, 귀교의 아낌 없는 지원을 바탕으로, 그가 전문적인 디자이너로서 성공적으로 발전할 것이라 생각합니다. Mr. Kim에 대한 추가적인 질문 사항은 저의 이 메일을 통해 언제나 기쁘게 대답드릴 용의가 있습니다. 감사합니다.

17. 법학(LLM) 지원자의 교수 추천서

To whom it may concern;

After obtaining a doctoral degree from WWW University in UK, I began teaching in at EEE University in 20×× and I have been teaching at EEE University in Seoul, Korea since 20××. I first met Mr. Kim through an academic relationship in 20×× when he entered our graduate school for his master's program. Ever since then, I have maintained a very special relationship with him both academically and personally.

In his graduate years, I taught him a course called, 'RRR'. For this class, he analyzed several German dissertations in relation to the LLL and actively discussed new concepts with me. His academic passion and attitude as a sincere scholar clearly expressed his strong potential to become an outstanding jurist with balanced comparative perspectives. He also gathered the graduate students in my class to talk about the legal issues on KKK in some of my sessions and initiated an organized extracurricular curriculum to study these issues with his classmates. Later on, Mr. Kim showed distinguished leadership by opening a seminar with the topic of "FFF" under BB University's Research Center for Law sponsor, based on the outcomes from these sessions.

After graduation, Mr. Kim became a specialist in the laws and policies related to the YYY, as supported by his professional research and legislative experiences at 'ZZZ' and 'OOO Research Institute'. While working for these organizations, he has taken charge of many government legislative projects to acquire hands-on experience, and has published many related publications to demonstrate his outstanding skills in research and legislation.

I believe that your LLM program will satisfy Mr. Kim's interests in Anglo-American Law. If he can study with your outstanding faculties and facilities in the LLM program, he will undoubtedly become an excellent jurist and researcher in the future and serve as a qualified college professor as a legislative specialist in Korea. In this respect, I especially appreciate his academic curiosity, attributes and intellectual abilities and I am very happy to recommend him to your school for Mr. Kim's academic pursuits. Please contact me for any additional information in relation to this recommendation letter.

나는 영국의 WWW 대학교에서 박사학위를 받은 후 EEE 대학교에서 2001년부터 교직 생활을 시작하게 되었고, 2013년부터 현재까지는 서울에 있는 BBB 대학교에서 근무하고 있다. 내가 Mr. Kim과 학문적 인연을 맺기 시작한 것은 Mr. Kim이 대학원 석사과정에 입학한 해인 2017년부터이며, 그 후로 나는 Mr. Kim과는 학문적으로도 개인적으로도 매우 특별한 관계를 유지하고 있다.

Mr. Kim의 대학원 재학시절 나는 'RRR'라는 과목을 가르쳤다. 수업을 진행하면서 그는 이에 따라 LLL와 관련된 수십 편의 논문을 밤을 새워 분석하고, 나와 함께 새로운 개념에 대한 열띤 토론을 하는 학문적 열의를 보임으로써 성실한 학자로서의 모습과 장래 균형 있는 비교법적 시각을 가진 훌륭한 법학자로서 성장할 강한 잠재력을 보여 주었다.

또한, 대학원생들을 중심으로 나의 대학원 수업 중 일부를 할애받아 KKK와 관련된 법적 쟁점을 도출하고 그러한 쟁점들에 대한 법률문제를 연구하기 위하여 주도적으로 커리큘럼을 짜서 수업을 같이 듣는 학생들과 함께 연구하고 토론하는 별도의 수업 시간을 가졌다. 이후 이 수업 시간에서의 결과물을 중심으로 BB 대학교 법학 연구소 주최로 'FFF'라는 세미나를 개최하는 등 Mr. Kim은 타 학생들과는 차별화된 리더십을 보여 주었다.

학교를 졸업한 후, Mr. Kim은 OOO 연구소와 ZZZ에서 전문적인 법제 연구 및 입법 실무 경험을 통하여 YYY와 관련된 법률 및 정책분야에서 이름난 전문가로 성장했다. 양 기관에서 근무하면서 그는 많은 수의 정부 입법 관련 작업을 직접 담당하며, 실무적인 경험을 익혔고, 또, 관련 분야에서 많은 출판물을 작성하는 등 정책연구 및 입법 실무에서도 그의 탁월한 능력을 보여 주고 있다.

나는 귀 대학의 LLM 과정의 이수가 Mr. Kim의 영미법에 대한 관심을 충족시켜 줄 수 있을 것으로 확신한다. 특히나 귀 대학의 LLM 프로그램과 같이 훌륭한 학교 교수진과 연구시설을 갖춘 곳에서 Mr. Kim이 공부할 수 있다면, 그는 분명히 훌륭한 법률가와 연구자로서 성장할 수 있을 것이며, 장래 한국으로 돌아와 입법전문가로서 그리고 실력 있는 대학교수로서 활약할 수 있을 것이다. 이러한 의미에서 나는 Mr. Kim이 가진 학문적 호기심, 자질, 지적 능력을 매우 우수하게 평가하며, 귀 대학에서 Mr. Kim이 그의 뜻을 펼칠 수 있도록 추천하게 된 것을 매우 기쁘게 생각한다. 만약 본 추천서와 관련한 추가적인 정보가 필요할 때에서는 주저 없이 나에게 연락해 주기 바란다. 감사합니다.

18. 체육학 지원자의 교수 추천서

To whom it may concern;

I am truly glad to be able to write a letter of recommendation for Ms. Kim. I first met Ms. Kim in 20×× when she was a freshman in my 'WWW' class. Moreover, I got to know not only her academic strength, but as her master's thesis advisor, I got to known her on a personal level. I am honored to write a recommendation letter for Ms. Kim.

Ms. Kim's strong passion and scholastic achievements are two of the primary qualities I want to especially point out. Among CC other students in the department of YYY, Ms. Kim received a distinguished academic achievement award with the highest academic record. She was only one of few students who received an A+ in two of my courses, 'EEE' and 'RRR.' These achievements are certainly strong evidence that prove Ms. Kim's stupendous passion and scholastic potential.

Other strong qualities of Ms. Kim include her presentation and oral communication abilities, which have been shown at numerous seminars and colloquiums. Her presentations had very clear and strong points which were delivered in an interesting manner, and everyone highly praised her presentation abilities. Even in classes, she was one of a group of top three students with outstanding presentation skills. I believe her unique approach, which involves the creation of easily-understandable PowerPoint slides, leveraged her skills even more.

Lastly, a superb level of creativity and originality found in her thesis is yet another strong trait of Ms. Kim. 'KKKK' was certainly a rare type of thesis. Since the topic was an unusual one, she constantly struggled due to lack of references. I suggested that she change her topic, yet her unique criticism on sports and distinctive ability ended up to develop quite a creative dissertation.

I am certainly aware of her love and passion for sports, and I am very happy for her willingness to strengthen herself by studying abroad. I strongly feel that her academic curiosity in her area of studies have exceeding its level of potential to grow further in Korea. The country currently has a high demand for social sports specialists, and education from an accredited institution like yours will surely make her a top-class opinion leader in the field. When her seven years of knowledge and research experience are brought together with a concrete academic background, I have no doubt that she will become a world-class social sports specialist. Furthermore, she will make the name of XXX school shine as a proud graduate, and thus I recommend Ms. Kim to your institution with an utmost confidence.

나는 Ms. Kim을 위해서 이 추천서를 쓰게 된 것을 매우 기쁘게 생각한다. 내가 그를 처음 만난 것은 그가 신입생이던 2017년으로 이후 그가 내 수업 중 WWW를 들으면서 그에 대해 잘 알게 됐다. 특히 그의 석사 논문 지도 담당 교수로서 많은 의견을 나누는 동안에 그의 academic strength 외에도 개인적인 부분까지 잘 알고 있기 때문에 그의 추천서 요청을 기꺼이 받아들였다.

우선 내가 가장 추천하고 싶은 그의 장점은 자신의 전공에 대한 passion과 이에 따른 좋은 scholastic record이다. 그는 전체 YYY 학과 CC명 중 1등으로 졸업해 성적 우등상을 받았고. 그는 내가 가르친 'EEE'와 'RRR'에서도 극소수만이 받은 A+를 받은 학생이다. 이것은 그가 전공에 대한 열정과 학문적인 자질이 있음을 보여 주는 좋은 증거들이라고 본다.

그의 또 다른 장점은 여러 과 차원의 세미나와 학회에서 보여 준 뛰어난 presentation ability와 oral communication이다. 그의 발표는 항상 요점이 정확하고 재미가 있어서 많은 사람들이 그의 presentation ability를 높이 평가한 것을 기억한다. 수업 시간에도 그의 프레젠테이션 능력은 가장 우수한 2-3명에 포함되었는데 남들이 이해하기 쉽도록 파워포인트를 만드는 등 독특한 아이디어가 그의 이런 능력을 높인 것 같다.

마지막으로 그의 논문에서 보이는 creativity and originality도 그가 다른 학생에 비해서 탁월했던 qualities 중 하나였다. 그의 논문 KKK는 창의적인 면이 돋보이는 논문이었다. 그가 쓰고자 하는 주제의 논문은 한국에서는 드문 논문이었기 때문에 그는 항상 reference 부족으로 고민을 했다. 나는 그에게 주제를 바꾸어 볼 것을 권유하기도 했었지만, 스포츠에 대해서 남들과 다른 해석을 해내는 그의 비판적 시각과 독창적인 재능이 창의적인 논문을 완성하게 했다.

평소에 나는 그의 스포츠에 대한 열정과 사랑을 알았기 때문에 그가 나에게 유학 의사를 밝혔을 때 나는 이에 적극 찬성했다. 왜냐하면 그동안 자신의 전공에 대한 그의 학습 태도와 그가 공부할 분야가 앞으로 한국에서 발전할 잠재력이 높기 때문이다. 특히 현재 한국에는 GGG 전문가가 필요한데 그가 귀 대학에서 학위를 받으면 이 분야에서 가장 영향력 있는 opinion leader가 될 수 있을 것이다. 지난 7년간 그가 쌓아 온 지식과 연구 경력이 미국에서의 스포츠 학문에 대한 심도 있는 지식이 첨가된다면 향후 훌륭한 세계적인 체육학도로서 성장할 수 있을 것이라 나는 확신한다. 더욱이 XXX 학교에도 이름을 빛낼 수 있는 졸업생이 될 것을 확신하며 이 지원자를 적극 추천하는 바이다. 감사합니다.

19. 그래픽디자인 지원자의 교수 추천서

To whom it may concern;
It is my great pleasure to write the letter of recommendation for Ms. Kim, who is applying for admission to your school. Ms. Kim attended my classes called "Visual Communication Design", when she was junior and senior in undergraduate. While attending my classes, her academic performance improved from receiving B+ in 20×× to A and then A+ in 20××. I appreciate her potential to make a gradual improvement. I also highly praise her for her hard work, positive attitude, and artistic talent.

나는 Ms. Kim을 귀 학교의 admission을 위한 지원자로서 이 편지를 쓰게 된 것을 매우 기쁘게 생각한다. 나는 그의 학부과정 중 그가 3, 4학년에 "Visual Communication Design"을 지도했던 지도 교수이다. 그는 내 수업을 들으면서 2016년 B+, 2017년 A, A+ 학점을 취득하였다. 나는 점차적으로 발전을 이루어 내는 그의 잠재력을 높이 평가했으며, 그의 긍정적인 자세로 노력하는 의지와 미적 재능을 높이 평가한다.

Above all, Ms. Kim well understood the essence of design, which is to attempt innovation based on the reality. She was always good at grasping the precise concept and idea of a design that met the needs and requirements of it. And then she fabulously created her own design with her artistic sense. In short, Ms. Kim was capable of fulfilling the functions of design in a harmonious manner. She once undertook the work of assessing and reporting the state of the package design for Korean agricultural products. She discovered that there should be a breakthrough to tackle the situation. In order to improve the brand image, she focused on harmonizing design functions and artistic senses that suited the situation of Korea and met the needs of the owner. Carrying out the work, she did go further than just making an attempt. Through a consistent contact with the owner, she ultimately enabled the commercialization of the package design.

먼저, 그는 현실에 바탕을 두고 혁신을 시도하는 디자인의 본질을 이해하고 있는 학생이었다. 필요와 요구에 맞는 정확한 Design의 Concept와 Idea 전개 그리고 미적 감각을 끌어내어 디자인의 기능을 조화롭게 표현해 낼 줄 아는 학생이었다. 그는 그의 과제에서 농산물 포장 디자인의 개발 부진의 현실을 파악하고, 보고하였으며, Brand Image 향상을 위하여 우리나라의 실정과 Owner의 요구에 맞게 디자인의 기능과 미적 감각을 조화롭게 표현해 내었다. 그리고 표현하는 데 그치지 않고 Owner와 지속적인 미팅을 통하여 실용화 단계까지 이끌어 내었다.

In addition, Ms. Kim's world of design is unique. Outside of the classroom, she would often bring in her work, asking for my assessment. Her ideas were always refreshing and manifested her unique colors, and her ability to mold and express her sources was extraordinary. I value her artistic talent and passion that lead her to come up with interpretations that are different from those of others. Based on her talents, her design world will surely undergo major development when she is exposed to the wider world during her study abroad experience in the United States.

또한 Ms. Kim의 디자인 세계는 독창적이다. 수업 시간 외에, 그는 자주 그의 작품을 평가해 달라고 가져왔다. 언제나 신선하고 개성 있는 아이디어가 돋보였으며 주제를 표현하는 조형성이 뛰어났다. 나는 남들과 다른 해석을 해내는 그의 예술적 재능과 열정을 소중하게 생각한다. 이러한 재능을 바탕으로 미국 유학 시 폭넓은 교육을 받는다면 그의 디자인 세계에 많은 발전이 있을 것임이 틀림없다.

Especially, she has an unusual logical and analytic thinking faculty that was clearly uncovered in her graduation thesis submitted in 20××; she emphasized on designer's role to create the better environment and analyzed the XXX cases. I think she always pursues future-oriented designs.

게다가 그는 자칫 디자인을 공부하는 학생들이 부족하기 쉬운 논리적 사고와 분석력을 가지고 있다. 그는 논리적인 사고로, 2018년에 발표한 그의 논문에서 살기 좋은 환경을 만들고자 하는 디자인의 역할에 초점을 두고 XXX 사례 분석을 발표했고, 뛰어난 분석력을 보여 주었다. 본인은 그를 미래 지향적인 디자인의 역할을 제대로 파악하고 있는 학생이라 평가하고 있다.

I would first emphasize that fact that Ms. Kim is very reliable and diligent. Due to her quiet demeanor, she is not conspicuous at first, but her will to give her best at all times soon earned my attention and respect. She incessantly questions herself and often comes to me looking for answers and to ask me to recommend related books. Thanks to her intense inquiry mind and her academic curiosity, she earned highest marks in all of my classes.

Ms. Kim은 누구보다 성실하다는 점을 가장 먼저 강조하고 싶다. 조용한 성격으로 처음에 눈에 띄는 학생은 아니었지만, 언제나 노력하는 모습이 인상적이었다. 끊임없이 자신에게 질문을 던지고 그 해답을 찾기 위해 나를 찾아오기도 하고 관련 서적을 추천해 달라고 부탁하곤 했다. 이러한 그의 치열한 탐구 정신과 학문적 호기심을 높이 평가하여 그가 수강한 내 과목은 모두 최고 학점을 주었다.

I hope that you positively consider giving her an opportunity to study in your graduate program in graphic design. I would like to say that Ms. Kim has virtually unlimited potential. If she is admitted to your school, she will realize her potential effectively. The field of Graphic Design will constantly change and see the needs becoming more diversified. I am sure that the graduate program of your school will be a big help to Ms. Kim, who is a hardworking and highly motivated person. Taking all these facts together, I strongly recommend Ms. Kim to your school. Thank you.

　　귀교의 "Graphic Design" 석사과정에 입학하기를 원하는 Ms. Kim에 대해 긍정적으로 검토해 주길 바란다. 그에게 귀교의 입학을 허락한다면 무한한 발전을 할 수 있는 잠재력을 지니고 있음을 밝힌다. Graphic Design의 분야는 끊임없이 변화하고 앞으로 요구도 다양해질 것이다. 매사에 성실하고 발전적인 그에게 귀교의 프로그램은 큰 도움을 줄 것이라 확신하며 그를 적극 추천하는 바이다. 감사합니다.

20. 심리학 지원자의 교수 추천서

To whom it may concern;

I met Ms. Kim for the very first time while lecturing "WWW" during her 1st semester of graduate school. She was very passionate about the study of psychology, and a very outstanding student. In my class, the students gave presentations after having read articles on EEE research. Ms. Kim not only completely understood the paper, but followed up on another related paper, producing a flawless presentation. Her presentations were always outstanding, needing no additional explanation from me. Additionally, we conducted individual research projects in the class, and she researched the YYY through the use of LLL. Her attitude towards the research, from the planning to the writing of the presented essay, was not only sincere, but creative too. Furthermore, her abilities in compiling statistics are also very skillful. She was by far the best among the graduate students I taught, which earned her an A+ in the class.

She was always willing to help with, and very supportive of my research. Once, I asked Ms. Kim to help me find KKK related dissertations. Because she completely understood my research, she was able to bring me excellent material. Especially because Ms. Kim is very skilled with the computer, she was able to use a lot of programs that helped me conduct my research. Furthermore, she was a TA for one of the undergraduate classes I lectured, called the "FFF," and a very good TA in guiding the students. Furthermore, with an inherent sense of affinity and cooperation, she maintains a friendly relationship with colleagues, facilitating a fruitful lab experience.

Through her passion for and the dedication to her studies she has shown, her high performance and her English writing abilities, I believe that Ms. Kim will succeed in your graduate program. Her passion, educational background and depth of knowledge in DDD, along with her varied lab experience, will bolster her to become a renowned psychology scholar. I certify that she will become a valuable talent at your school, and firmly recommend her to your graduate program. Thank you.

내가 Ms. Kim을 처음 만난 때는 그가 대학원 1학기 때, 내가 강의한 WWW에서이다. 그는 심리학이라는 학문에 대해 매우 열정적이었고, 매우 뛰어난 학생이었다. 수업에서 학생들은 EEE 연구에 관한 article을 읽고, 발표를 했는데, 그는 그 paper를 완벽히 이해하고, 관련된 다른 paper까지 읽어 완벽한 발표를 했다. 그의 발표는 매우 뛰어나서 내가 더 이상 보충 설명을 할 필요가 없었다. 또한, 그 수업에서는 개인별 연구 프로젝트를 진행했는데, 그는 LLL을 이용하여 YYY 연구를 하였다. 그가 연구 계획부터 제출 에세이를 쓰기까지 보여 준 연구 태도는 매우 성실할 뿐 아니라 창의적이었다. 또한 통계적인 처리도 능숙했다. 그는 내가 가르친 대학원생들 중 단연 돋보였으며, 나는 그에게 A+학점을 주었다.

Ms. Kim은 항상 나의 연구를 적극적으로 도와주었다. 한번은, 그에게 KKK에 관한 논문을 찾아봐 줄 것을 부탁했는데, 나의 연구 내용을 잘 이해하고 있었기 때문에, 매우 만족스러운 자료를 찾아다 주었다. 특히 Ms. Kim은 컴퓨터 다루는 것이 매우 능숙해서, 여러 가지 프로그램을 다룰 줄 알고, 이는 나의 연구 진행에 매우 유용했다. 또한, 그는 내가 강의한 학부 수업 "FFF"의 teaching assistant를 했는데, 학생들을 지도하는 능력이 뛰어난 매우 훌륭한 TA였다. 또한, 그는 타고난 친화력과 협동성으로 동료들과 돈독한 관계를 유지하며 실험실 생활을 매우 잘해 나가고 있다.

그가 보여 준 학문적 열성과 성실성, High performance 그리고 그의 영어 실력으로 판단해 보아, Your graduate program에서 성공할 것이라고 생각한다. 그의 열정과 학문적 배경에 심도 있는 DDD 지식과 많은 연구 경험이 첨가된다면, 향후 훌륭한 심리학자가 될 것이며, 귀 학교에도 귀중한 인재가 될 것을 확신하며, 그를 your graduate program에 적극 추천한다. 감사합니다.

21. 공학 지원자의 연구실 상사 추천서

To whom it may concern;
Six years ago, I first met Ms. Kim when she entered WWW. She joined my team where I was a chief researcher, the EEE Team, as a research and development manager of RRR. We have maintained a close relationship since she left the company, as she has been active in coming to me about professional as well as personal matters.

There are three reasons why I think of Ms. Kim as a person with the greatest potential for success among the 45 engineers who worked with her. First would be her motivating passion and ability to complete projects and objectives. As anyone could attest, developers tend to experience tremendous fatigue both physically and mentally since they often sacrifice their weekends while working for more than twelve hours a day. As a result, many employees show extreme tiredness, but Ms. Kim never lost the smile on her face. She demonstrated her ability to complete projects and objectives that she was responsible for, even occasionally working two to three nights straight. Extremely strong passion, as well as persistence and drive towards objectives, would be the strongest evidence for ensuring her outstanding performance at your institution.

Ms. Kim's unique qualities that I want to mention along with other characteristics are her leadership and teamwork abilities. She is a born team player, and thus I often saw Ms. Kim being a leader among many others both at work and on other occasions. In the name of teamwork, the special talent of Ms. Kim's is that she is a perfect tension reliever in defusing and smoothing out the general atmosphere. When all other team members are stressed out with a seemingly endless workload, she always shines with an amazing sense of humor and frees everyone from the pressure.

Other exceptional qualities of Ms. Kim, compared to her colleagues, are her interpersonal skills and strength in developing personal relationships. She has strong self-confidence, which always keeps a great smile on her face. I have never seen her in a conflict with colleagues, since most people are accustomed to her amiable character. She also was a polite employee to elders, while also being a trustworthy person to junior members. People say that her single largest shortcoming is her lack of criticism towards other people, so I can confidently say that she can harmonize with any organization or association. Ms. Kim's outstanding interpersonal skills will certainly be an asset in bringing fellow students together at your institution.

Many other positives of Ms. Kim come to mind. She sincerely cares about her personal growth and development, which led to volunteer participation at several seminars and workshops, in addition to attending the English language institute, in her free time. Technical white papers and research papers of Ms. Kim's all had very clear points, which allowed her fellows to share her technical know-how on subjects. The research papers were even used as internal references within the research department, and she always surprised me with strong presentations of her papers: amazing for an engineer.

When she came in and asked for a letter of recommendation, I thought of her academic goal as a logical choice and encouraged her. Frankly speaking, even our research institute limits a researcher from being promoted to senior researcher without a PhD degree. Consequentially, many of our fellows pursue further education during their employment, so Ms. Kim's choice seems very natural in this setting. Based on all the exceptional qualities she possesses, I confidently believe that she will successfully complete her academic duties at your institution, and I strongly recommend Ms. Kim to your school. Thank you.

내가 Ms. Kim을 처음 만난 것은 그가 2016년에 WWW에 입사했을 때이므로 벌써 6년 전이다. 당시 나는 EEE의 책임 연구원이었는데, 그는 이 team에서 주로 RRR 연구 개발을 담당했었다. 그가 퇴사 이후로도 직장이나 개인적인 문제로 자주 토론해 왔기 때문에, 비교적 나는 그에 대해서 많이 기억하고 있는 셈이다.

내가 당시 그와 함께 일했던 약 45여 명의 engineer 중에서, Ms. Kim이 성장 가능성이 가장 높다고 보는 데는 크게 세 가지의 이유가 있다. 첫째는, 그의 일에 대한 열정과 ability to complete projects and objectives가 다른 사람에 비해서 매우 왕성하기 때문이다. 아시다시피 개발자라는 직업은 주말도 없이 거의 매일 12시간 이상을 일해야 하기 때문에, 육체적, 정신적으로 매우 힘들다. 하지만 Ms. Kim은 항상 웃는 얼굴로 자신의 일을 적극적으로 처리해 왔으며 2-3일을 거의 날을 새면서까지 자신이 맡은 임무는 반드시 해결하는 ability to complete projects and objectives를 보여 왔다. 나는 그의 목표에 대한 이런 집중력과 persistence and driving to objectives 능력이 귀 대학에서 그의 성취를 보장해 주는 가장 확실한 증거라고 생각한다.

이것과 관련해 내가 강조하고 싶은 Ms. Kim의 unique quality는 leadership and teamwork ability이다. 그는 선천적으로 working with others를 즐기기 때문에, 업무 외 활동에서도 자연히 그의 주변에 사람들이 많이 모이고 그가 leader의 역할을 하는 것을 자주 볼 수 있었다. 특히 Ms. Kim의 team playing에서의 장점은 그가 분위기를 부드럽게 하는 tension reliever의 역할을 잘한다는 점이다. 과로한 일 때문에 대부분의 staff들이 모두 스트레스를 받고 있을 때, 그는 그의 sense of humor를 통해서 항상 분위기를 부드럽게 해 주는 사람이다.

또 하나 다른 직원에 비해서 돋보였던 Ms. Kim의 quality는 interpersonal skill and personal relationship이다. 그는 자신감이 넘치고 항상 표정이 밝았기 때문에 거의 모든 사람들이 호감을 느꼈는데, 상사에게 공손하며 후배 사원들에게 믿음을 주는 연구원이었기 때문에 거의 모든 동료들과 conflict 없이 지냈다. 남에게 싫은 소리를 하지 못하는 점이 오히려 그의 단점이라고 사람들이 말할 정도이기 때문에, 나는 그가 어떤 조직이나 모임에 가더라도 잘 융화할 수 있다는 점을 자신 있게 말할 수 있다. Ms. Kim의 이런 탁월한 interpersonal skill은 귀 대학에서 fellow students들의 화합과 교류에 크게 기여할 것이다.

이 밖에도 내가 기억하는 당시의 그의 장점은 다양하다. 자기 계발과 발전을 매우 중요시해서 seminar and workshop에 자발적으로 참석하는 경우도 많았고, 여가를 이용해서 영어 학원에 계속 다녔던 것도 기억난다. 또 Ms. Kim이 만든 기술 문서 및 보고서는 요점이 매우 명확해서 기술적인 know-how를 공유하기 쉽도록 잘 표현했던 것도 생각난다. 이 문서들은 연구소 내부 기술 자료로 활용되었는데, 그가 서술한 보고서를 볼 때마다 나는 공학도치고는 매우 presentation skill이 뛰어나다고 느낀 적이 많았다.

그가 내게 찾아와서 유학을 가겠다고 이 추천서를 부탁했을 때 나는 당연한 선택이라고 그를 격려했다. 사실 우리 연구소만 해도 박사학위를 받지 못하면 senior researcher로 성장하는 데는 한계가 있다. 따라서 많은 연구원들이 중간에 유학을 가고 있기 때문에 그의 선택은 매우 합리적이라고 본다. 이런 점에서 나는 그가 귀 대학에서 성공적으로 학업을 수행할 것이라고 확신하기 때문에, Ms. Kim을 귀 대학에 강력하게 추천하는 바이다. 감사합니다.

22. 영화학 지원자의 교수 추천서

To whom it may concern;

I would like to first express my pleasure in having the opportunity to recommend Ms. Kim, one of my finest students. As the current director of the WWW University Graduate College of Arts, my busy schedule limits me to writing maybe two or three recommendations annually. Since Ms. Kim fits in the top 3% of all the students I have taught, she certainly deserves my recommendation. I first got to know her in 20×× when she enrolled at our university. We developed a close mentor-student relationship EEE class in 20×× and RRR class in 20××.

If I had to list Ms. Kim's biggest strengths that I have come to know during the past 7 years, it would have to be her intellectual curiosity and creativity. She often asks thought provoking questions in class that other students would not even have thought of. This curiosity should serve her well as the driving force in her film career. Ms. Kim's creativity seems to emanate from the diverse extracurricular activities that she participates in, such as TTT, which affords her the ability to see and analyze things from different perspectives.

Furthermore, through many one-on-one talks with Ms. Kim, I have seen the level of her motivation toward become a film director and how tenaciously she has worked to progress towards her goals. For example, she has participated in two intensive overseas study programs while in graduate school in order to prepare herself for future studies abroad as well as an international film career. The fruits of her efforts have resulted in her having excellent English skills, both spoken and written, which affords her to participate in English led classes without a problem and to communicate fluently with the other students.

When I first learned of Ms. Kim's decision to study abroad in the United States, I agreed that it was the obvious next step in her path to become a film director, and to hone her creative skills in a global context. Since Ms. Kim's chosen career path as a film director is part of a global industry and culture, it is my opinion that a study abroad degree program is a mandatory factor in her career pursuit. I foresee her making a big contribution to the Korean film and art industry in the future once she receives film directing education in a world-class environment. Thus, I strongly recommend her to your university.

먼저 내가 가장 아끼는 제자 Ms. Kim을 위해서 추천서를 보내게 돼 무척 기쁘다. 나는 현재 WWW 대학교 예술 대학원 원장으로 행정 업무도 많기 때문에 해마다 2-3명에 한해서 추천서를 작성해 주고 있는데 Ms. Kim은 내가 가르친 제자 중에서 가장 뛰어난 3% 그룹에 포함되기 때문에 추천서를 작성하기로 했다. 나는 그가 2015년 우리 대학원에 입학하면서 알게 되었는데 2016년도 EEE, 2017년도 RRR 수업을 통해 그에 대해서 보다 자세히 알 수 있었다.

제가 지난 7년 동안 그를 알고 지내면서 느낀 그의 가장 뛰어난 장점은 실험 정신과 창의력이 돋보인다는 점이다. 그는 나의 수업 시간에도 가끔 동료들이 전혀 생각지 못한 질문을 던지고는 했는데 이런 그의 지적인 호기심과 풍부한 창의력이야말로 영화인으로서 그의 빠른 성장의 원동력이라고 본다. 이렇게 그가 다양한 분야에서 creative할 수 있는 이유는 자신의 전공뿐 아니라, TTT 등 여러 다른 연관된 필드에서 일을 함으로써 남과 다른 시각에서 사물을 분석하고 아이디어를 창조해 내는 능력을 높여 왔기 때문인 듯하다.

그가 성공적인 감독이 될 것이라고 보는 또 다른 이유는 오랫동안의 대화를 통해서 영화 제작자를 향한 그의 집념이 얼마나 굳은 것인가를 여러 차례 확인했기 때문이다. 그가 장래 유학과 국제 영화계에서 활동할 때를 대비해서 대학원 시절 연수를 두 번이나 갔다 왔다는 것을 알고 나는 그가 얼마나 자신의 professional objectives에 대해 확고한 신념을 가지고 있는가를 알 수 있었다. 그가 이런 연수를 통해서 Oral and writing ability and speaking English 능력을 확보해 왔기 때문에 귀 대학에서 수업이나 학생들과의 communication에 문제가 없는 점도 그의 좋은 장점일 것이다.

 나는 그가 처음에 미국 영화 학교 유학 의사를 표시했을 때 그의 자질과 장래성에 비추어서 당연한 결정이라고 환영했었다. 그의 장래 희망이 in a global contexts에서 활동하는 것이므로 나는 그가 유학을 선택한 것은 그의 career goal에 비추어서 필수적인 과정이라고 생각한다. 이 학생은 미국에서 공부를 마치고 한국으로 돌아와서 자신이 받은 교육을 통해 성공적으로 한국의 영화계, 예술계에 이바지할 재목이라고 보기 때문에 나는 이 학생을 귀 대학에 강력하게 추천하는 바이다. 감사합니다.

23. 음악 지원자의 교수 추천서

To whom it may concern;

I am currently serving as a practical training professor for various courses including RRR at the Department of EEE of WWW University, Seoul, Korea. I first met Ms. Kim in 20×× when she took one of my courses, PPP, as a freshman. She has undergone one-on-one practical training with me for 4 years since then and therefore I am relatively knowledgeable of her academic qualities and extracurricular activities.

In academic aspects, her biggest strength compared to other students is that she excels in logical thinking and analysis. Her logical thinking skills are well represented in her graduate dissertation entitled, "○○○ ○". It was the best analysis among the dissertations I have evaluated through my 15-year experience. These skills allow her to grasp the science of harmony, the counterpoints, and the musical analyses with relative ease. Further, she maintained high levels of classroom performances while actively participating in various meetings and gatherings as the student government president of our department. Her grades were always included in the top 5% and she was therefore selected for a one-month teacher-training program, an honor only granted to top students, in her senior year. I believe that these practical trainings allowed her to greatly enhance her mentorship and presentation skills.

Among personal abilities, her biggest strength is leadership. I consider her leadership the best among the 40 students in her class. Her leadership particularly impressed me when she served as the student government president of the Department of EEE. Unlike former uninspired presidents, she actively initiated various events outside of school playing a major role in harmonizing the department. I strongly believe that her leadership skills and love of harmonizing and working with other people are significant attributes required for studies at your school. I strongly believe that she will become one of your invaluable alumni and therefore recommend Ms. Kim to your school with passion. Thank you.

나는 현재 WWW 대학교 EEE과에서 RRR 등 전공 실기 교수로 재직하고 있는데, Ms. Kim을 처음 만난 것은 2019년 신입생 시절 그가 내가 가르친 PPP 과목을 수강하면서부터이다. 이후 그는 나에게서 4년 동안 1:1로 전공 실기를 배웠기 때문에 그의 academic qualities and extracurricular activities에 대해서 비교적 내가 잘 알고 있는 편이다.

Academic aspects에서 다른 학생과 비교해서, 그의 장점은 자칫 음악을 공부하는 학생들이 부족하기 쉬운 논리적 사고와 분석력이 매우 뛰어난 점이다. 그의 논리적인 사고 능력을 보여 주는 예는 2018년에 그가 발표한 졸업 논문이다. 그는 이 논문에서 "○○○○"를 발표했었는데, 이것은 내가 지난 15년 동안 심사한 논문 중에서 분석적인 측면에서는 가장 뛰어난 것이었다. 이런 능력 때문에 그는 보통 학생들이 어렵게 여기는 화성학과 대위법, 그리고 음악 분석에 대한 이해도가 매우 빠른 학생이었다. 이와 관련돼 한 가지 더 언급하고 싶은 것은 Ms. Kim은 우리 대학 EEE과 전체 학생회장 등 여러 가지 모임에 주도적으로 참여해서 활발히 활동하면서도, High level of classroom performance를 항상 유지했다는 점이다. 그는 성적으로는 항상 상위 10% 안에 들어서 4학년 때에는 소수에게만 주어지는 1개월간의 교생 실습 기회도 갖게 됐는데, 이런 실습을 통해서 mentorship and presentation ability를 크게 높일 수 있었을 것이다.

Personal ability에 있어서 그의 가장 큰 strength는 leadership인데, 이 능력에 있어서 그는 동기생 40명 중에서 가장 뛰어나다고 나는 평가한다. 내가 특히 기억에 남는 그의 leadership 사례는 EEE과 전체 학생회장으로 활동한 1년의 기간이다. 그동안 다른 학생회장들이 주로 교내의 행사를 관례적으로 진행하던 것에 비해서, 그는 적극적으로 교외의 여러 행사를 추진했고 이것은 과의 단합을 이끄는 데 매우 중요한 역할을 했다. 나는 사람들과 어울리고 함께 일하기를 좋아하는 그의 이런 leadership ability가 귀 대학에 매우 도움이 되는 attribute라고 생각한다. 이런 이유로 나는 그가 귀 학교에도 invaluable한 alumni가 될 것을 확신하기 때문에 이 지원자를 적극 추천하는 바이다. 감사합니다.

24. 인테리어디자인 지원자의 직장 상사 추천서

To whom it may concern;
I first met Ms. Kim in 20××, when she was placed on my team. I knew her strengths relatively well since we had both previously worked at the construction site of KKK, and then worked on AAA, LLL.
Among the 45 interior designers I have worked with, I would place her among the top 5% of those with the most potential to grow based on her following two strengths. First is her outstanding analytical ability. For instance, during the DDD construction, she was of great help in the completion of the construction, as she conveyed accurate design examination and analysis of related construction process data to me. In addition, she analyzed all the TTT designs in the DDD and re-established them, which brought about a 3% enhancement in productivity and management. Such accurate analytical skills are a strength I only found in her.
Second is her ability to complete projects and deadlines, and team building skills. The case that demonstrated this ability occurred during the construction of YYY in May 20××. The construction was carried out for a year, and many workers tired out, which resulted in slow progress. However, being in charge of EEE she presented various programs according to the demands of the client that brought satisfaction. This set an example to fellow workers, and we were able to complete the construction by the deadline. In addition, she is assessed to be an outstanding mediator and tension reliever, and successfully mediates various conflicts. This is because she always forms harmony with her team members as a person with positive personality. I believe her teamwork skills will be a help in classes and projects at your school.
As she has told me she wanted to be a designer working in a global setting, I believe she needs to study abroad to accomplish such a

professional goal. I strongly recommend her to your school as I believe she will be an important human resource in the field of interior design not only at your school, but also in Korea.

내가 Ms. Kim을 처음 만난 것은 2019년에 그가 나의 팀에 배치됐을 때이다. 당시 그는 나와 함께 KKK 공사 현장에서 일했고 이후 AAA, LLL 파트를 맡아 함께 일했기 때문에 나는 비교적 그의 장점을 잘 파악하고 있다.

내가 그동안 함께 일했던 약 45명의 인테리어 디자이너 중에서 그가 성장 가능성이 가장 높은 5%에 든다고 보는 이유는 아래와 같은 두 가지 장점 때문이다. 첫째는 그의 탁월한 analytical qualities 때문이다. 예를 들어 DDD 공사에서 그는 나에게 연관되는 공정 자료 분석 및 설계 검토 등을 정확하게 전달해 주어 공사를 마치는 데 큰 도움을 주었다. 또한 그는 DDD 내의 모든 TTT 디자인을 분석해 재정립함으로써 3%의 생산성 및 운영의 효율 향상을 가져왔다. 이런 정확한 자료에 대한 분석 능력은 다른 디자이너에게는 보지 못했던 그의 장점이다.

둘째는 그의 ability to complete projects & deadlines and team building skill이다. 이런 그의 장점이 잘 드러난 케이스는 2018년 5월 YYY 공사 때였다. 그 공사는 1년 동안 진행되고 있어 많은 직원들은 지쳐 있었고 일은 더디게 진행되었다. 그러나 EEE를 담당한 그는 클라이언트의 요구에 다양한 프로그램들을 제시해 만족을 끌어냈다. 이런 그의 모습은 다른 직원들에게 본보기가 되어 우리는 기한 내에 공사를 마칠 수 있었다. 또 직원들 사이에서 그는 다양한 conflict를 중재하는 mediator and tension reliever의 역할에 탁월하다는 평가를 받고 있다. 이것은 그가 긍정적인 성격의 소유자로 항상 팀원들과의 화합을 만들어 주기 때문이다. 나는 그의 이런 teamwork skill이 귀 대학의 수업이나 프로젝트 진행에 도움을 줄 것으로 본다.

   그는 나에게 in a global setting에서 활동하는 디자이너가 되고 싶다고 말해 왔기 때문에 나는 이런 그의 professional goal 달성에는 해외 유학이 필수라고 생각한다. 나는 그가 귀 대학뿐 아니라 한국의 인테리어 디자인 분야에서 중요한 인재가 되리라고 확신하기에 Ms. Kim을 적극 추천하는 바이다. 감사합니다.

25. 신문방송학 지원자의 교수 추천서

To whom it may concern;

I gladly write this letter of recommendation for Mr. Kim. Compared to fellow students, he has exceptionally open-minded attitudes, and I have enjoyed an excellent relationship with him. Currently, I serve as a chairman on the WWW and DDD, in addition to my regular duties of lecturing, so I only prepare recommendations for those whom I know to possess the proper merits and strengths.

Mr. Kim shows his greatest strength in his unwavering academic passion for journalism and mass media. In my "EEE" and "RRR" courses, he demonstrated his deep fascination by always asking various questions, everyday sitting in the front row. His insightful yet humorous and unexpected questions often delighted the class, improving classroom discussion. Such intellectual curiosity and creativity will certainly prove invaluable to his academic growth. Deep interest in journalism and broadcasting prompted him to participate enthusiastically in all class activities, which earned him A's for both of my classes.

Furthermore, Mr. Kim has an outstanding command of the English language, making him well suited to study abroad. He has studied English previously in PPP for a short time and other parts of the world in addition to his numerous international travels. As a result, he has excelled in his English. Though adequate in his mother tongue, Mr. Kim's presentations in English shined with enthusiasm and leadership, making a significant impression on my mind. Thus, I see no shortcomings in Mr. Kim's English abilities. I furthermore strongly assert that Mr. Kim possesses adequate strengths and merits to achieve his academic goals, so I sincerely recommend Mr. Kim to your institution.

나는 Mr. Kim을 위해 추천서를 쓰게 된 것을 기쁘게 생각한다. 그가 다른 학생에 비해서는 유난히 활달한 성격으로 재학 시절에 서로 친근하게 지내서 그의 추천서 요청을 기꺼이 받아들였다. 사실 나는 현재 강의 외에도 WWW, DDD 등 여러 직무를 수행하고 있어서 유학을 가는 모든 제자들에게 추천서를 써 줄 형편은 되지 못하기 때문에, 객관적으로 내가 장점을 잘 아는 제자들에게만 추천서를 작성해 주고 있다.

우선 내가 아는 Mr. Kim의 가장 큰 strength는 journalism and mass media에 대한 interest and academic passion이라고 본다. 그는 나에게 "EEE"과 "RRR" 수업을 들었는데, 가장 기억나는 것은 항상 앞자리에 앉아서 다양한 질문을 했던 것이다. 당시 수줍음이 많으면서도 한편으로는 유머도 잘해서, 수업에서 예상치 못한 질문을 가끔 했고, 때문에 모두를 웃기는 경우가 많았다. 나는 그의 이런 지적 호기심과 creativity가 그의 academic growth에 매우 도움이 되는 strength라고 생각한다. 그는 journalism and broadcasting 분야에 매우 관심이 많아서 항상 수업에 적극적으로 임했고, 그 결과 나의 과목에서 모두 A학점을 받았었다.

또 하나 외국에서 공부한다는 점에 보았을 때 그가 다른 학생에 비교해서 뛰어났던 점은 그의 oral and understanding ability in English이다. 내가 알기로는 그는 PPP 등 여러 나라에서 어학연수를 했고 외국 여행 경험이 많다고 들었는데 이런 영향 때문에 영어 발표 수업에서는 다른 학생들과 비교해서 돋보였었다. 그는 국문으로 발표하거나 토론하는 경우에는 다른 학생에 비해서 특별히 presentation skill이 뛰어나다고 느끼지 못했는데 영어로 발표하는 경우에는 수업에서 가장 적극적이고 발표도 주로 해서 지금도 그의 이런 특성이 기억에 남는다. 그의 어학 능력과 이런 영어 관련 발표 능력에 비추어서 나는 그가 귀 대학에서 영어로 수업을 하는 데 문제가 없다고 본다. 이런 여러 가지 점에 비추어서 나는 그가 귀 대학에서 academic achievement를 충분히 이룩할 것이라고 믿기에 그를 귀 대학에 강력하게 추천하는 바이다. 감사합니다.

26. 경영학 지원자의 동료(peer) 추천서

To whom it may concern;

I have known Mr. Kim for 6 years as of December 20××. Mr. Kim joined the BBB Bank at the same time I did, and now we are working together at CCC. Therefore, I consider myself fully qualified to recommend him to you since I am perhaps the one who knows him the best. The enjoyable part of working with him is that he sets the direction. To me, consulting is a career that requires high level of creativity. However, many consultants tend to wait for problem solving method instead of solving the problem themselves. However, Mr. Kim fulfilled his duties by suggesting the direction and by leading discussions based on his suggestion. Of course, his suggestions were not correct, but he made an utmost attempt to accept the results of the discussions and to make improvements accordingly in a humble manner.

Mr. Kim maintained very cordial relations with his supervisors and subordinates. His superiors considered him one of the best pick for project execution due to his specialty, experience, consulting capability, interpersonal relations etc. and his subordinates followed him faithfully. Mr. Kim respects the opinions of his superiors and subordinates and instilled trust by being consistent. In addition, Mr. Kim acted as a mentor to two senior consultants and listened to and counseled on their current work concerns and future career paths.

His reputation among the people he worked with is commendable. When I worked with Mr. Kim at CCC for 5 years, my impression of him is that he is more reliable and trustworthy each time that we work together. That is, I think that the people who get to know him whether he is in school or at a larger organization, cannot help but to trust and follow him. I think that Mr. Kim needs to show his capability in a more active manner. I am sure that he will continue excellent results even when he joins a larger company.

나는 Mr. Kim과 2021년 12월 기준으로 총 6년간 알고 지냈다. Mr. Kim은 나의 BBB 입행 동기이면서 현재 CCC에서도 같이 근무하고 있으므로 아마도 그를 가장 잘 알고 있는 사람 중의 하나라고 생각한다.

그와 같이 일할 때 가장 좋았던 점은 방향을 스스로 제시한다는 점이다. 나는 consulting이라는 직업이 상당히 창조적인 능력을 필요로 하는 직업이라고 생각한다. 그러나 많은 consultant들이 스스로 문제를 해결하기보다는 위에서 해결 방법을 지시해 주기를 기다리는 경우가 많다. 그러나 Mr. Kim은 방향을 제시하고 그것을 가지고 같이 토론하는 방식으로 일을 진행했다. 물론 그가 제시한 방향이 항상 맞는 것은 아니었지만 그러한 경우에도 그는 토론의 결과를 겸허하게 받아들여 개선하고자 노력한다.

Mr. Kim은 supervisors 및 subordinates와 매우 좋은 관계를 유지했다. Mr. Kim은 그의 전문성, 경험, 컨설팅 능력, 인간관계 등으로 많은 상사들이 그를 최우선 프로젝트 투입 멤버로 손꼽았으며 부하 직원들도 그를 잘 따랐다. Mr. Kim은 상사와 부하 직원 모두의 의견을 존중하며 상대방이 누구든 간에 항상 일관된 모습을 보여 사람들에게 인간적인 신뢰감을 심어 주었다. 또한 Mr. Kim은 두 명의 senior consultant의 counselor로서 그들의 현재 직장 생활에서의 고민뿐만 아니라 향후 career path 등에 대해서도 많은 상담을 해 준 것으로 알고 있다.

그와 같이 일을 해 본 동료들과 상사들의 그에 대한 평가는 매우 높은 것으로 알고 있다. 내가 CCC에서 Mr. Kim과 5년 동안 같이 일하고 받은 느낌은 같이 일하면 일할수록 신뢰가 쌓인다라는 것이다. 즉 그가 학교에 있든, 더 큰 조직에 있든 그와 같이 일한 사람은 그를 믿고 충분히 그를 따르리라 생각된다. Mr. Kim은 자기 자신의 이러한 능력을 좀 더 적극적으로 표현해야 한다고 생각한다. 적극성이 좀 더 보태지면 보다 큰 조직에서도 지금과 같은 역할을 충분히 수행할 수 있으리라 생각된다.

27. 커뮤니케이션 지원자의 방송국 직장 상사 추천서

To whom it may concern;

My name is RRR, and it is my pleasure to recommend one my favorite employees, Mr. Kim, with whom I have worked for the last 4 years. I work as a television producer for public campaign programs such as 'EEE' for WWW.

Our company mainly produces relatively important programs broadcast in top three broadcasting stations in Korea. Because many people acquire experiences in our company as ADs and FDs in order to transfer to major broadcasting stations as PDs, the competition rate for ADs and FDs remains quite high. Simply by virtue of his entrance to our company testifies to his outstanding qualifications and talents. Possessing these strengths, he has demonstrated his impressive personal talents to me and other ADs

Mr. Kim remains one of most competitive people among 30 other FDs and ADs with whom I have worked for three reasons. First, he has strong passions and an outstanding driving force for his work. In general, the physically and mentally overwhelming responsibilities of FDs include preparations, props, and production of studio scenes, requiring more than twelve hours of work a day throughout the week. Although this leaves most other fatigued all the time, he has always remained active in his work with a positive attitude and displaying abilities to complete projects and objectives even if working overnight for two to three days. I believe that his concentration, persistence, and driving force to meet his objectives guarantee most assuredly Mr. Kim's potential for success in your school.

Secondly, he possesses excellent interpersonal skills. Among 70 others whom I supervise, he is one of the top three for this quality. He shows great consideration for others, more so than for himself, making him rather charismatic and amicable. As his colleagues say, he simply does not possess the capacity to act out of spite or anger, and I can therefore confidently assert that he can adapt to the atmosphere of any organization. Such outstanding interpersonal skill will greatly contribute to collaboration and interaction with his fellow students in your school.

Lastly, I emphasize his leadership and teamwork ability. This attribute is rooted in his tremendous interpersonal skills. As he naturally enjoys working with others, people naturally seek him out all the time, so he therefore acts as the de facto leader many times. He proves most effective in his ability to lighten the atmosphere and relieve tension in team environments. When most others feel overwhelmed by excessive work, he is at his best improving their moral.

I will personally miss Mr. Kim when he goes abroad to study, but I nevertheless eagerly wish to see him fulfill this goal, so that he will grow into a major force in broadcasting. I remain confident that Mr. Kim will return to Korea's broadcasting field as a qualified PD candidate in several years. Thank you. Thank you.

나는 현재 WWW에 공급되는 'EEE' 등 공공 프로그램의 PD를 맡고 있는 RRR입니다. 내가 지난 4년 동안 함께 일했고 지금은 가장 아끼는 subordinates 중 한 명이 된 Mr. Kim을 위해서 이 추천서를 작성하게 돼 매우 기쁩니다.

우리 회사는 주로 한국의 top 3 방송사에서 방영되는 비중 있는 프로그램만을 제작하고 있고, 우리 회사에서 경험을 쌓은 뒤에 major 방송사의 PD로 가는 경우도 있어서 AD, FD 경쟁률은 매우 치열하기 때문에 입사한 것만으로도 그가 quality 면에서 매우 우수한 사람임을 알 수 있을 것입니다. 이런 strength를 가진 인재답게 그는 일해 오는 동안에 나뿐만 아니고 다른 AD들에게도 업무와 개인적인 자질에서 매우 깊은 인상을 남겨 주었습니다.

  내가 그동안 함께 일해 온 약 30여 명의 FD, AD 중에서, Mr. Kim이 성장 가능성이 가장 높은 그룹에 포함된다고 보는 데는 크게 세 가지의 이유가 있습니다. 첫째는, 그의 일에 대한 열정과 driving force abilities가 다른 사람에 비해서 매우 왕성하기 때문입니다. 아시다시피 FD라는 직업은 스튜디오 촬영의 제작 준비부터 제작 후 모든 뒤치다꺼리까지 잡무가 너무 많아서 주말도 없이 거의 매일 12시간 이상을 일해야 하기 때문에 육체적, 정신적으로 매우 힘듭니다. 따라서 많은 직원들이 피곤해하는데 그는 항상 웃는 얼굴로 자신의 일을 적극적으로 처리해 왔으며 2-3일을 거의 날을 새면서까지 자신이 맡은 임무는 반드시 해결하는 ability to complete projects and objectives를 보여 왔습니다. 나는 그의 목표에 대한 이런 집중력과 persistence and driving to objectives 능력이 귀 대학에서 Mr. Kim의 성취를 보장해 주는 가장 확실한 증거라고 생각합니다.

  그의 두 번째 quality는 interpersonal skill and personal relationship입니다. 이 점에 있어서 그는 내가 지휘하는 약 75명 이상의 staff 중에서 사실 가장 우수한 2-3명에 해당합니다. 그가 거의 모든 사람에게 호감을 주는 이유는 항상 자신보다 남을 배려하는 성격 때문이라고 봅니다. 그는 경제적으로 풍부한 가정환경에서 자랐고 어려움이 없어서인지 성격이 매우 부드럽고 친화적입니다. 남에게 싫은 소리를 하지 못하는 점이 오히려 그의 단점이라고 사람들이 말할 정도이기 때문에 나는 그가 어떤 조직이나 모임에 가더라도 잘 융화할 수 있다는 점을 자신 있게 말할 수 있습니다. 그의 이런 탁월한 interpersonal skill

은 귀 대학에서 fellow students들의 화합과 교류에 크게 기여할 것이라고 봅니다.

마지막으로 내가 추천하고 싶은 그의 quality는 leadership and teamwork ability인데 이것은 위에서 언급한 그의 personal relationship의 영향 때문이라고 봅니다. 그가 선천적으로 work with others를 즐기기 때문에 자연히 그의 주변에 사람들이 많이 모이고 그가 leader의 역할을 하는 것을 나는 여러 번 볼 수 있었습니다. 특히 그의 team playing에서의 장점은 그가 분위기를 부드럽게 하는 tension reliever의 역할을 잘한다는 점입니다. 과로한 일 때문에 대부분의 staff들이 모두 스트레스를 받고 있을 때 그는 그의 sense of humor를 통해서 항상 분위기를 부드럽게 해 주는 사람입니다.

Mr. Kim이 멀리 유학을 떠난다고 하니 아쉽지만, 나는 그가 분명히 방송 분야에서 큰 인재로 성장할 자질과 의욕이 있다고 보았기에 보다 더 큰 성장을 위해서 그의 유학에 적극적으로 찬성했습니다. 나는 Mr. Kim이 몇 년 후에 유능한 PD 후보로서 다시 우리 방송계로 돌아올 것을 확신합니다. 감사합니다.

28. 컴퓨터공학 지원자의 교수 추천서

To whom it may concern;

I am truly honored to have the opportunity to write to recommend Mr. Kim to your institution. As I have always been impressed by Mr. Kim's scholastic curiosity and sincere interest in deepening his academic background by studying abroad it is with pleasure that I write this recommendation. Although I have not spent that much time with Mr. Kim, his enthusiasm for education has facilitated the achievement of a strong academic record demonstrated during his undergraduate years.

I met Mr. Kim for the first time during the spring semester of 20×× in a WWW course. One assignment in particular submitted by him made me realize the type of bright young man he was. I assigned Mr. Kim's class the task of coming up with an PPP. Mr. Kim came up with an KKK. He welcomed my request to use his idea in my research, and assisted me a great deal in further developing his ideas to apply them to my research. In addition, his computer programming exhibition during the 20×× XX Festivals drew vast attention not only from his colleagues but also from other professors. He was the student with the largest number of items exhibited, ranging from computer games to text editors. Since then, I began to view Mr. Kim as a superb programmer with the ability to easily develop and transfer ideas into actual computer programs.

Mr. Kim's earnest interest in lectures makes him an excellent role model for other students. As he was very ambitious in his studies and had a strong passion to learn, he never missed a single lecture. All other professors would agree that professors appreciate students who display passion and sincerity in lectures, because this attentiveness and genuine interest makes the professor want to live up to the responsibility and obligation of delivering a solid lecture. Needless to say,

Mr. Kim's interest in my lectures intellectually stimulated me.
I highly valued his skills and talents while working with him, and wanted him to join my research department as a master's candidate. Although he has decided to go a different way, I am very confident that he will achieve the goals he sets in whatever field or industry he decides to pursue. As Mr. Kim never stops striving to achieve with whatever he faces, I am confident that he is the type of student who will easily fit into and contribute to your institution. Mr. Kim has been very select about the schools he is applying to and has therefore carefully examined your school's department. I hope this letter of recommendation will serve as insight into the talented individual Mr. Kim is as well as show you that he should be considered an excellent candidate for admission to your department's PhD program. Thank you.

며칠 전 Mr. Kim이 나에게 추천서를 문의하러 왔을 때, 나는 그를 진심으로 축하해 주었다. 외국에서 공부하겠다는 그의 결심에 나는 깊은 감명을 받았고, 그의 뚜렷한 학문적 목표는 나로 하여금 이 추천서를 쓰는 데 전혀 머뭇거림이 없도록 하였다. 비록 그와 많은 시간을 함께하지는 못했으나, 그가 학부 때 보여 준 잠재력과 진지함은 그의 학문적 목표를 달성하는 데 조금도 부족함이 없으리라 믿는다.

내가 그를 처음 만난 것은 2015년 봄 학기 WWW 강의에서다. 내 기억 속의 그는 매우 진지한 학생이었을 뿐만 아니라, 내 수업에 결석을 한 번도 하지 않을 정도로 열성적인 태도를 보였다. 다른 학생들과 비교해 볼 때에, 나는 그가 평범하고 큰 특징이 없는 평범한 학생으로 생각했었는데, 이런 나의 생각을 바뀌게 한 것은 그가 제출한 학기 assignment였다. 나는 가끔 수업 중에 학생들에게 까다로운 assignment를 제시하곤 했는데, 그 수업에서 내가 내 준 assignment

는 PPP를 제안하라는 것이었다. 그는 KKK를 제출하였는데, 그의 아이디어는 나에게 매우 흥미로운 것이었다. 그는 나의 연구에 그의 아이디어를 적용하자는 나의 제안에 흔쾌히 승낙을 했고, 그 과제에 그의 아이디어를 적용하는 데에 도움을 주었다. 지금도 나는 그 과제를 수행하는 데 있어서 그의 도움에 대해 고맙게 생각하고 있다.

그는 또한 2018년 XX 학과 프로그램 축제(Computer program festival)에서 컴퓨터 프로그램을 전시하여 그의 동료 학생뿐만 아니라 교수들로부터 흥미를 불러일으키기도 하였다. 당시 그는 가장 많은 작품을 전시한 것으로 기억하고 있다. 그의 작품은 컴퓨터 게임에서부터 문서 편집기(text editor) 등 다양했다. 그 후로 나는 그를, 자신이 생각하는 아이디어를 컴퓨터 프로그램으로 자유로이 만들어 낼 수 있을 만큼 실력이 뛰어난 학생으로 생각하게 되었다.

또한, 그의 강의에 대한 태도는 다른 학생들의 모범이 되기에 충분하다고 생각한다. 다른 교수들과 마찬가지로, 나는 나의 강의에서 그처럼 강의에 깊은 관심과 열성적인 학생들을 선호한다. 학생이 강의에 열성적이라는 것은 나에게 있어서 강의에 대한 책임과 의무를 갖도록 하기 때문이다. 그의 강의에 대한 태도는 이런 나의 강의에 대한 책임과 의무를 느끼도록 해 주었다.

나는 그가 보여 준 재능과 태도를 높이 평가하여 나의 연구실의 석사과정으로 들어오길 바랐으나, 그는 이미 다른 분야에 관심이 있었다. 하지만, 나는 그가 자신이 원하는 학문 분야에서 자신의 목표를 이루리라고 짐작할 수 있었다. 그는 지금 자신이 서 있는 위치에서 자신의 목표를 이루기 위해 노력을 아끼지 않으며, 이것은 그가 귀 학과에서 원하는 학생의 모습이라 생각한다. 그리고, 그의 당신의 학과에 대한 지원이 그에게 있어서 신중한 결정이었음을 고려해 주길 바라며, 그가 귀 학과에 PhD과정 학생으로 입학하는 데, 그에 대한 이 추천서가 큰 도움이 되길 진심으로 바라는 바이다. 감사합니다.

29. 패션디자인 지원자의 직장 상사 추천서

To whom it may concern;

In 20××, when I was the manager of the AAA team, I first met Ms. Kimwho was in charge of the ZZZ process, an outsourced project. Since then, I have worked with her on five outsourced projects including the establishment of the XX Demand Prediction System that is currently under way. While managing these projects, I have had the meeting once a week on average. Because we worked in the same building, and also because she is a sociable and pleasant person, I was able to get to know Ms. Kim's professional ability as well as personality.

I think the greatest merit of Ms. Kim is her ability to gain the confidence of clients. When I first met in 20××, she came to attend a meeting with the blueprint for the color-coding project. I mistook her for being much experienced in the research and analysis of colors. I didn't notice that she was a staff member. Aside from the excellent content of the blueprint, her presentation was impressive. She confidently explained the core elements of it. Such attitude made her look more professional than the chief of the Market Research & Analysis Team, who was on hand with her. I guess that thanks to such merit of her, Ms. Kim has played a pivotal role in receiving many orders for the Market Research & Analysis Team, although she is still young.

Ms. Kim is a person with proactive attitude and driving force. After being promoted to senior manager of the ZZZ Division in 20××, I came to deal with a wider range of business area. Every day, I meet people from three to four companies. But, I have never found a person as enthusiastic about his or her work as Ms. Kim. Originally, the outsourced project currently taking place in the Market Research & Analysis Team was not supposed to receive support from the Ministry of CCC. Ms. Kim persuaded me and the director of the Federation to seek financial support from the ministry. From later 20××, she visited many times ministry officials dealing with the textile industry to explain the need for the research. In the end, the ministry allocated part of its 20×× budget for us. Thanks to the support from the ministry, the federation was able to carry out the research project that was on the brink of breakdown at low costs.

In 2021, I discovered another ability of Ms. Kim through the outsourced project that she implemented with other teams at KKK, Inc. At that time, she worked on the project that was to support AAA to develop materials with differentiated qualities. Ms. Kim wholeheartedly helped the Textile Team to see a satisfying result. When the Textile Team had difficulties collecting the samples of foreign companies, she provided the solution. She hired Korean overseas students and asked them to gather samples for the team. Moreover, she supplied related overseas materials that would be useful to the team, even before they asked. In addition, using her spare time, Ms. Kim helped the textile team that was not familiar with Excel, PowerPoint, and other programs to create the lists of companies and prepare for presentations. From the way she worked, I could understand that Ms. Kim was capable of enhancing teamwork and playing the role of leader among chiefs of each team.

Working with her over the last 5 years, I realized that Ms. Kim would become an outstanding leader in the field of fashion. If she adds the knowledge of business administration and global perspective to the fashion expertise that she already has, she could further develop her potential for being a business leader specializing in fashion. I believe that Ms. Kim will become a significant leader of the Korean fashion industry.

2018년 내가 AAA팀의 과장이었을 때, 사업 부문 중 'ZZZ' 용역의 담당자였던 Ms. Kim을 처음 만나게 되었고, 그 후에도 현재 진행하고 있는 'XX 수요 예측 시스템 구축'을 포함한 총 5번의 용역 사업을 통해 Ms. Kim과 함께 일을 해 왔다. 나는 각 용역 사업을 관리하면서 평균 1주에 1회 정도 미팅을 가졌고, 같은 건물에서 근무하고 있는 조건과 Ms. Kim의 친화력 덕분에, Ms. Kim의 업무적 그리고 개인적인 능력을 잘 알게 되었다.

  나는 Ms. Kim의 가장 큰 장점이 Client에게 신뢰를 주는 점이라고 생각한다. 2019년 당시 사원이었던 Ms. Kim이 Color Code화 작업을 위한 용역 계획서를 가지고 회의에 참석했을 때, 나는 Ms. Kim이 Color 조사 분석의 경험이 많은 사람인 줄 알았다. 조사 계획의 내용도 훌륭했지만, 핵심적인 내용을 능숙하게 설명하는 그의 태도는 같이 참석한 Market Research & Analysis Team 팀장보다 오히려 더 전문가적인 인상을 주었다. 바로 이런 점이 나이가 어린 여자지만, 현재 Market Research & Analysis Team이 많은 용역 사업을 따내는 큰 힘이 아닌가 한다.

  Ms. Kim은 매우 적극적이고 추진력이 있는 사람이다. 나는 2021년 상급 부서인 MMM부 차장으로 발령을 받으면서 더 많은 사업 분야를 관할하고 있다. 하루에도 3-4개 업체 사람들을 만나는데, Ms. Kim만큼 업무에 적극적인 사람을 만나지 못했다. 현재 Market Research & Analysis Team에서 진행하고 있는 용역도 원래 CCC 부처의 지원 계획이 없었던 것이었다. BBB 씨는 나와 협회의 이사님을 설득하여, 2021년 말부터 CCC의 분과 담당자를 수차례 찾아가 조사의 필요성을 피력했고, 결국 CCC의 2022년 예산을 받게 되었다. 덕분에 무산될 수도 있었던 조사를 협회는 적은 비용을 들이고도 안정적으로 진행하게 되었다.

 2022년 KKK의 다른 팀과 같이 맡은 용역들을 통해 나는 Ms. Kim의 또 다른 능력들을 발견하게 되었다. 'AAA 개발 지원' 용역을 진행하면서 Ms. Kim은 TTT Team이 함께 좋은 결과를 내는 데 중요한 역할을 했다. TTT Team이 업체의 해외 소재 샘플 수집에 어려움을 겪고 있을 때 Ms. Kim이 해외 유학생들은 모집하여 소재를 수집하는 해결책을 제시해 주었을 뿐만 아니라, 그 팀이 필요한 해외 자료를 미리 찾아서 제공해 주거나, Excel, Powerpoint 프로그램에 익숙하지 않은 TTT 팀이 업체 List를 정리하고, 프레젠테이션을 준비하는데 본인의 시간을 할애해서 지원해 주었다. 이런 모습에서 Ms. Kim은 좋은 팀워크를 만들어 낼 수 있는 소양을 갖추었고, 또한 각 팀장 사이에서도 리더의 역할을 해내는 사람이라는 것을 알 수 있다.

 나는 지난 5년 남짓 Ms. Kim을 지켜보면서 Ms. Kim이 패션 분야에서 남다른 리더가 될 것이라고 짐작하게 되었다. 그가 이미 가지고 있는 패션 전문가적인 식견에 경영학적인 지식과 국제적인 감각이 더해진다면, 그는 패션 전문 경영인으로서의 잠재력을 더욱 증대하여 한국 패션 산업에서의 중요한 위치를 차지할 거목이 될 것이라고 믿는다.

30. 고등학교 지원자의 부모 진술서(parental statement)

To whom it may concern;

Despite her young age, Ms. Kim, she always allows her parents to have confidence in her with her self-composed manner and personal integrity. As the second daughter of our family, she is a very thoughtful girl, who cares for her elder and younger sisters. She is also polite to her relatives. At school, as a Girl Scout, she participates in a number of community service programs and events. She maintains a good relationship with her friends.

Since she was younger, we have provided Ms. Kim with arts education, because we wanted her to well develop emotionally. She displays talent in playing the cello and is a member of the orchestra of AAA Elementary School that she currently attends. She is also talented in art and sports. She has won prizes in many competitions.

As her parents, we are sorry that Ms. Kim is shy. Because of her shyness, she tends to be happy with keeping good relationships with a few close friends, rather than trying to make a variety of friends. It might be natural that young kids of her age are shy. As her parents, however, we hope that she becomes more sociable. We think that she will grow into a person who is full of self-confidence, if she receives sufficient encouragement and attention in school.

Her elder sister, QQQ, is currently an 11th grader at BBB School. Ms. Kim's father, who has been engaged in trading business with the United States for 11 years, has long understood the need to help his children develop global perspectives. Ms. Kim decided to apply for admission to this school that Professor Lee, Ms. Kim's guardian strongly recommended. (E-mail address: ccc@ddd.com)

I am firmly convinced that if you admit her, she would maintain a graceful attitude to become a proud student of your renowned school. Thank you for you attention.

Ms. Kim은 아직 어리지만 늘 차분하고 성실한 태도로 부모에게 믿음을 주는 딸입니다. 집안에서는 둘째 딸이어서 위에 언니와 아래 동생에게 양보를 잘하고 친지들에게도 매우 예절 바르게 행동합니다. 학교에서는 걸스카우트 단원으로 여러 봉사 활동과 행사에 참여하기도 하고 친구들과의 관계도 매우 돈독하게 유지하고 있습니다.

우리는 Ms. Kim이 어려서부터 정서적으로 보다 발달하기를 바라는 마음에 예술에 대한 교육을 시켜 왔습니다. Ms. Kim은 첼로 연주에 재능을 보여 현재 재학 중인 AAA 초등학교 관현악단의 일원으로 활동하고 있습니다. 미술 및 체육에도 소질을 보여 여러 대회에서 수상한 경력이 있습니다.

부모로서 Ms. Kim에게 안타까운 점은 수줍음을 많이 탄다는 점입니다. 이런 면 때문에 Ms. Kim은 다양한 친구를 폭넓게 사귀기보다는 적은 수의 친구들과 깊이 있는 사이를 유지하는 것으로 만족하곤 합니다. 지금 Ms. Kim이 또래의 아이들에게 수줍음이 많다는 것은 자연스러운 일일지 모르지만, 부모로서 좀 더 사교성을 갖추었으면 하는 바람이 있습니다. Ms. Kim이 학교생활을 해 나가면서 조그만 관심과 격려가 있다면 자신감 있는 사람으로 성장할 것이라고 생각합니다.

현재 Ms. Kim의 언니인 QQQ가 미국 BBB SCHOOL의 11학년에 재학 중입니다. Ms. Kim의 아버지는 미국과의 무역 사업을 11년째 하고 있어서, 자녀의 국제화 감각 필요성을 일찍부터 가지고 계십니다. Ms. Kim의 가디언이신 Mr. Lee 교수께서(E-mail address: ccc@ddd.com) 이 학교를 추천하셔서 지원하였습니다. 귀교에서 Ms. Kim의 입학을 허락하신다면, 학교 명성에 걸맞은 훌륭한 태도를 유지할 것이라고 확신합니다.

31. 고등학교 지원자의 담임 교사 추천서

To whom it may concern;
I am so pleased to write a recommendation for Mr. Kim. I have known him since I taught him English in his freshman year at high school. I was greatly impressed by his excellent attitude toward learning and his understandings of lesson deeper than any other student, mainly due to his unusually high intelligence. In his sophomore year, as his homeroom teacher, I had a better chance to watch him with more concern at a short distance.

나는 Mr. Kim을 추천하게 돼 무척 기쁘게 생각한다. 나는 Mr. Kim이 고등학교 1학년 때 담임을 지도하면서 처음 알게 되었다. 학생의 학업 태도가 뛰어나며, 영민한 머리를 지녀 다른 학생에 비해 수업 이해도가 훨씬 높아 매우 인상적이었다. 고등학교 2학년 때에는 그의 학급 담임을 맡아 곁에서 관심을 갖고 지켜보게 되었다.

First of all, one of his merits is that he has a clear sense of goal and concentration power, for which his academic achievements were very high. Moreover, due to his deep knowledge of music, his emotional maturity is exceptional, as is evident in his skillful play of musical instruments and in keeping a diary. Besides, his serious concerns about foreign language acquisition have enabled him to get outstanding grades in the whole foreign language courses he has taken.

우선 그의 장점은 뚜렷한 목표 의식과 집중력이 있다는 점이다. 때문에 그의 학업 성취도는 매우 높았다. 그리고 음악에 대한 조예가 깊어 악기를 잘 다루고 늘 일기를 쓰는 등 정서적인 면도 매우 발달해 있다.

외국어에 대한 깊은 관심으로 외국어 과목 전반에 탁월한 성적을 기록하였다.

Towering above other students in linguistic creativity, Mr. Kim received straight A's in all his English classes in the first and second semester of his sophomore year. His grade in foreign language ranked in upper 1% among the entire students. In his freshman year, he was much troubled with the choice between entering university in Korea and studying in America. However, once his goal to study abroad is firmly decided in the middle of the first semester in his sophomore year, his attitudes toward his friends and people around him as well as his attitudes toward classroom learning became much stabler and sincerer beyond recognition.

언어적 창의력에서 남다른 두각을 나타내는 Mr. Kim은 실제로 2학년이 되자 1학기와 2학기 모두 담임 학점에 A를 받아 내었다. 그의 외국어 성적은 전교 1% 이내에 속했다. 그리고 1학년 때는 한국에서 안정적으로 진학할 것인가, 미국 유학을 갈 것인가에 대해 많이 고민하는 모습을 보였다. 하지만 2학년 1학기 중반, 유학에 대한 목표가 확립되자 수업에 임하는 태도는 물론 친구와 주변 사람을 대하는 태도가 몰라보게 안정되고 진지해졌다.

His grades in his freshman year and the first semester of his sophomore year ranked within upper 5% of the entire students. However, his GPA, including the second semester of his sophomore year when he began to prepare for his study abroad on a full scale, ranked in upper 10%. Given that Korean high schools require excessive learning in preparation for college entrance examination, he must have received fairly good grades while he was both preparing for studying abroad and taking regular courses at school. Besides, his strong will overcoming loneliness and anxiety during that time more than offsets a little lowered grades he got in the second semester.

그의 성적은 1학년과 2학년 1학기까지는 전교 상위 5% 이내에 속한다. 하지만 유학 준비를 본격적으로 시작한 2학년 2학기까지 합하면 상위 10%에 해당한다. 한국 인문계 고등학교의 경우, 대학 입시를 목표로 많은 학습량을 요구한다. 유학 준비와 학업을 병행하면서도 좋은 성적을 유지했음을 알 수 있다. 또한 유학 준비를 해 나가는 와중에 외로움과 불안함을 스스로 극복해 나가는 모습은 다소 떨어진 2학기 학교 성적을 메우고도 남음이 있다.

Mr. Kim's study method depends less on intense learning than on his own superb perception. He is very excellent in creativity and application. While other students tended to try hard to find answers already decided, XXX liked very much to study various ways to reach those answers. Furthermore, in his study, he showed delicacy with which he recorded the changes of his ideas.

Mr. Kim의 학습 방법은 치열한 학습에 의해서라기보다는 뛰어난 감각에 의한다. 그는 창의력과 응용력이 매우 탁월하다. 다른 학생들이 정해진 답을 찾는 데 몰두한다면, Mr. Kim은 답을 찾는 여러 가지 방법을 연구하는 것을 무척 좋아했다. 이러한 과정에서 자신의 사고의 변화까지 노트에 기록하는 치밀함을 가지고 있다.

He played a great role in making his classroom "breathing lively" during his freshman and sophomore years at high school. In particular, by serving as a member of Student Guidance Group, he drew harmony and cooperation out of his classmates, thus demonstrating his outstanding leadership. Reared in very well-to-do family, he has kept kind heart to take into consideration of others' situation.

지원자는 고등학교 1, 2학년 시절 동안 소위 '살아 숨 쉬는' 학급을 만드는 데 큰 역할을 했다. 특히 2학년 때 학급에서 선도부원으로 활동하면서 급우들 간의 조화와 화합을 이끌어 내는 등 뛰어난 리더십을 발휘하였다. 매우 유복한 가정에서 자라났지만 상대를 배려하는 마음이 깊은 학생이다.

His academic achievements were very good, and he was on good terms with his classmates. The fact is that since he had so strong a zeal to study abroad, for all his good grades at school, he gave up receiving high school diploma. Mr. Kim's decision may look reckless but being very well aware of his concrete plan from my frequent consultations with him, I support his decision without reservation. I am sure that with his excellent capacity for learning and definite sense of goal, he will receive good grades in your school. I hope your school will give permission to his admission to your school by grasping his possibility and zeal justly.

그의 학업 성적은 뛰어났고, 학우들과의 관계도 원만했다. 유학에 대한 그의 열정이 매우 강했기 때문에 우수한 성적에도 불구하고 고등학교 졸업장을 포기했던 것이다. Mr. Kim의 결단은 일면 무모하게 느껴

질 수도 있다. 하지만 담임으로서 그와 늘 상담을 해 오면서 그의 구체적인 계획을 잘 아는 나로서는 그를 적극적으로 지지하고 있다. 그의 뛰어난 학습 능력과 목표 의식은 귀교에 입학하여 충분히 좋은 성적을 얻을 수 있을 것이라 확신한다. 나는 귀교가 Mr. Kim의 가능성과 열정을 정확하게 파악하여 그의 입학을 허락해 줄 것을 희망한다.

32. 고등학교 지원자의 영어 교사 추천서

To whom it may concern;
I am so pleased to write a recommendation for Mr. Kim. When Mr. Kim attended my class, he was an 11th grader. He showed outstanding academic performance in English class. His scores remarkably improved compared to the previous year. He was among the top 1% of my students. I gave him a grade A.

 Mr. Kim을 추천하게 돼 매우 기쁘다. 나는 Mr. Kim이 11학년 때 영어를 지도했다. 그의 영어 성적은 1학년 때 비해 탁월하게 신장되었으며, 상위 1% 이내에 속했다. 나는 그에게 A 학점을 주었다.

Mr. Kim showed unusual interest in the subject of English. While other students focused on grammar and reading to earn a high score in examination, he displayed an excellent ability in speaking and listening comprehension. Besides, he often came to me, English teacher, and asked me to recommend good books written in English for reading. It was his presentation on an effective way to learn English that caught my attention to Mr. Kim It was very impressive that he presented his idea before his classmates on how to effectively study English that has a different word order from Korean.

 Mr. Kim이 영어 과목에 갖고 있는 관심은 매우 남다른 면이 있었다. 다른 학생들은 높은 시험 성적을 받기 위해서 문법과 읽기에 주력하는 반면, Mr. Kim은 Speaking과 Hearing에 뛰어난 능력을 보였다. 또 영어 교과 담당 교사인 나에게 늘 찾아와 원서로 읽을 만한 좋은 책들을 추천해 달라는 의뢰를 자주 해 왔다. 내가 Mr. Kim에게 주목하게 된 것은 학우들 앞에서 효과적인 영어 학습법을 발표한 일을 통해서이다. 한국어와 전혀 다른 어순을 가진 영어를 어떻게 효과적으로 공부할 수 있는지에 대한 자신의 아이디어를 급우들 앞에서 발표한 모습은 매우 인상적이었다.

With a strong sense of duty, he served as a member of the student body. He is a sweet and kind person who willingly helps his English classmates suffering from poor academic performances. Both of his parents graduated from a prestigious university in Korea and studied abroad. As far as I know, they suggested that Mr. Kim study in the United States so that he can develop a global perspective in a better education environment.

그는 또 봉사 정신이 투철하여 선도부원으로 활약했으며, 특히 영어 수업 시간에 영어 능력이 많이 부족한 친구들을 기꺼이 도움을 주는 친절하고 사교적인 성격의 학생이다. Mr. Kim의 부모는 국내 명문대 출신들로서 두 분 모두 해외 유학을 경험하였기 때문에, Mr. Kim이 더 좋은 환경에서 국제적인 안목을 가지고 성장할 수 있는 미국 유학을 적극 권장한 것으로 알고 있다.

I think that the biggest strength of him is that he is capable of implementing his plan with self-confidence and his own thinking, while respecting others' opinion. Another merit of him is that he willingly invests his time to help other people. Besides, he showed keen interest in the subject of English and was always active in asking questions.

With his excellent command of English, Mr. Kim led the class in the group study of English speaking with leadership.

그는 확고한 자신의 의견을 갖고 자신감 있게 일을 추진하는 동시에 다른 사람의 의견을 존중할 줄 아는 점, 자신의 시간을 투자하여 남을 도울 줄 아는 봉사 정신 등이 가장 큰 장점이라고 생각한다. 특히 남들보다 영어에 호기심과 질문이 많았으며, 영어 실력이 매우 뛰어났기에 Leadership을 가지고 Group Study를 이끌어 갔다.

Having been an honorable student and a wonderful person, I hope that he will continue to grow in your school. He will be a good addition to your alumnus list. Thank you for your attention to this letter, and I hope it helps you to get more information on him.

귀 학교에 입학하여 그가 훌륭한 인격체로 자라길 바라며 또한 좋은 동문으로 학교 발전에 기여할 것으로 믿는다.

33. 고등학교 지원자의 봉사 활동에 대한 추천서

To whom it may concern;

As president of AAA Society, a public service organization, I am most pleased to write this letter of recommendation for Mr. Kim, one of the most enthusiastic members of the organization. Since 20×× he has been involved in diverse social service activities in the DDD Province together with many of his colleagues.

He helped orphans set a long-term goal and achieve it. By so doing he helped many of them have confidence in their own life. One of the most memorable things he did was that he made a vegetable garden for children in CCC orphanage. While most members were satisfied with simple-minded activities such as helping clean the orphanage or helping with laundry, he insisted on creating for the orphans activities that they could take an active part in, thereby making them confident of their ability to carve out their own fortune. Also, as a means of putting this plan into practice, he proposed that we make a vegetable garden for them. Confident that the children would grow independent and feel a sense of achievement if they planted vegetable and fruits in the garden and reaped them for themselves, he tried to persuade one member after another.

Finally, throughout the summer of 20××, we dedicated ourselves to reclaiming the slope of a small hill near the orphanage by removing lots of weeds and stones, and then tending the garden with the children. Harvesting potatoes, strawberries and tomatoes from the garden every year, the children realized the value of labor and gain confidence about their own life. Watching them grow and mature like that, we feel our efforts are rewarded in a great way. It is to his credit that the activities of AAA Society are no longer transitory in nature, and have developed in such a way that can give the beneficiaries long-term help.

Mr. Kim is a warm-hearted person who always puts others ahead of himself. Recently I happened to find out that he has been secretly helping needy senior citizens in the neighborhood for several years besides his regular involvement in public service through AAA Society. I believe his good deeds are good proof that he is an altruistic and considerate person.

I am convinced that a leader of our society must have a long-term perspective as Mr. Kim does, serve others, and stress the importance of living with neighbors in need. In this respect, he is fully qualified as a leader. Also, I am sure that he will balance himself between academic activities as a student and extracurricular activities such as community service as a member of the EEE community. If he is granted admission, I will be most pleased as well. Thank you and best wishes.

나는 사회봉사 모임인 AAA 회장으로서 가장 열성적인 회원 중 한 명인 Mr. Kim을 위해 추천서를 쓰는 것을 기쁘게 생각한다. 2021년부터 그는 많은 동료 회원들과 함께 지역 내에서 다양한 사회봉사 활동을 해 오고 있다.

그는 장기적인 목표를 설정하고 그 목표를 성취함으로써 많은 고아들에게 인생에 대한 자신감을 심어 주었다. 가장 기억에 남는 일 중 하나가 CCC 보육원의 아이들에게 밭을 만들어 준 일이다. 대부분의 회원들이 orphanage에서 청소나 빨래를 해 주는 단순한 봉사 활동에 스스로 만족하고 있을 때, 그는 아이들이 적극적으로 참여할 수 있는 활동을 만들어 줌으로써 자신들의 인생을 스스로 개척할 수 있다는 자신감을 갖도록 도와줘야 한다고 주장했다. 그리고 그는 그러한 활동을 실행할 수 있는 공간으로 밭을 만들어 주자고 제안했다. 그는 아이들이 밭에서 채소와 과일을 직접 심고, 수확한다면 그들에게 자립심과 성취감을 심어 줄 수 있다는 확신을 가지고 회원들을 한 사람 한 사람씩 설득했다.

결국 우리는 2021년 여름 내내 보육원 주변의 산비탈에서 많은 잡초와 돌을 걷어 내면서 밭을 일구는 일에 매달렸고 아이들과 함께 밭을 가꾸었다. 그 이후로 매년 그 밭에서 감자, 딸기, 토마토 등을 수확하면서 노동의 가치를 깨닫고 삶에 대한 자신감을 얻는 아이들을 볼 때마다 우리는 큰 보람을 느끼고 있다. 그 일을 계기로 AAA의 봉사 활동이 수혜자들에게 일과성이 아닌 장기적 도움을 주는 쪽으로 한 단계 발전한 것은 그의 공로이다.

그는 자신보다 이웃을 먼저 생각하는 따뜻한 마음의 소유자이다. 나는 그가 AAA의 정기적인 봉사 활동 이외에도 어렵게 사는 이웃 노인들을 남모르게 수년간 도와 왔다는 사실을 최근에 우연히 알게 되었다. 그의 선행은 그가 매우 남을 배려하고 속이 깊은 사람임을 여실히 보여 주는 좋은 예라고 생각한다.

나는 우리 사회를 이끌어 가는 leader는 그와 같이 장기적인 안목을 갖추고, 남을 위해 봉사하며, 어려운 이웃과 더불어 살아가는 삶을 중시하는 사람이어야 한다고 믿는다. 그는 그러한 면에서 leader의 자질을 충분히 갖추고 있다. 또한 I am sure that he will balance himself between academic activities as a student and extracurricular activities such as community service as a member of a EEE community. 그에게 admission이 주어진다면 내게도 큰 기쁨이 될 것이다. 감사합니다.

34. 고등학교 지원자의 종교 활동에 대한 추천서

To whom it may concern;
It is my pleasure to recommend Mr. Kim who is applying to your graduate school of Business. As a pastor, I have known him for the past twenty years and while he was also serving as a youth leader and Sunday school teacher for the past five years. I know his work habits and I have noticed many of his fine qualities as a leader.
The prime virtue, he has, should be his morality and altruism. He is so open-minded as share the noble and ultimate object in life with anyone else. I assume that this is the secret of his distinction from the crowd in church. Now that the only virtue I think he lacks is the executive faculty to employ his potential energy, I vote for MMM course where I guess will load him with the energy.

내가 Mr. Kim을 높이 평가하는 가장 큰 이유는 높은 도덕적인 수준과 더불어 남을 도와줄 수 있는 마음의 여유를 가지고 있기 때문이다. Mr. Kim은 인생에 대한 높고 분명한 비전을 다른 사람들과 공유할 수 있을 만큼 열린 마음의 소유자이다. Mr. Kim이 많은 사람이 모인 교회에서 가장 돋보이는 이유는 이 때문일 것이라고 생각한다. 지금 Mr. Kim에게 필요한 것은 그에게 잠재되어 있는 많은 능력을 발휘할 실천력이고 MMM은 Mr. Kim에게 이러한 실천력을 쌓을 기회를 만들어 줄 것이라고 생각한다.

Another greatest virtue of his is he knows how to work as a team. Gratuitous education for the younger believers has never been easier for other volunteer than Mr. Kim. I understand that he made it happen by his caring personality. He puts himself in their shoes to stand in their part so that the wayward juveniles put their trust and concentration in him. I have found him ever so mature in mentality. He is a kind of person whose sense of fulfillment comes more from helping others to be improved than displaying himself. This sure is what I like about him.

　Mr. Kim의 가장 큰 장점 중의 하나는 남들과 같이 일하는 법을 안다는 것이다. Mr. Kim이 맡았던 youth들도 다른 분들이 돌보았을 때에는 많은 문제가 생겼지만, Mr. Kim은 자기 자신을 이들과 동등한 위치에 놓고 같이 고민하고 이해한 것은 아이들의 자발적인 참여를 일으키는 것과 더불어 그들과 신뢰적인 관계를 형성하게 되었다.

　Mr. Kim은 하나의 과제를 해결하는 데 자신의 능력을 발휘하는 것보다 주변 사람들의 능력을 서포트해 주는 것에 더 열성을 다한다. 나는 늘 이러한 Mr. Kim의 태도를 성숙한 자세라고 생각하고 아껴 왔다.

Mr. Kim led the youths as a youth leader in the church and is very faithful to trivial work such as cleaning the church and helped others as desired. In my opinion, he has the vision to promote others, to give encouragement, and to suggest right directions. The teens of our church are mostly from broken families and have needy family backgrounds. Mr. Kim began to touch the hearts of the teens and he made sacrifices for them.
He often acted as guidance for the invited foreign pastors many times. He denied remaining a mere usher, but putting them through a catechism to attain the religious knowledge. Those pastors from overseas mentioned that his attitude was very impressing. He is kind enough to

volunteer to teach his fellow believers English. So now he is always in demand especially by the teenage Christians. So much so that he has command of English and he is still working on the improvement.

　Mr. Kim은 교회에 초청되어 오신 많은 외국인 목사님들을 안내하는 역할을 여러 차례 수행했었다. 안내자의 역할에 머물지 않고 그분들과 신앙에 관한 깊이 있는 대화를 통해 가르침을 받기도 하고 외국 목사님들 역시 Mr. Kim으로부터 좋은 인상을 받았다는 말씀을 하시기도 했다. 그리고 청소년 신자들에게 틈틈이 영어를 지도해 주었고, 많은 어린 신도들이 Mr. Kim과 영어 공부를 하고 싶어 한다. Mr. Kim의 영어 능력은 매우 뛰어나고 스스로 많은 노력을 기울이고 있다.

He is the most enthusiastic member of the in-church guiding group, consisting of ×× volunteers. It must be very unique feature that he doesn't confine his enthusiasm to his own use but lets it propagates to the people around him.

　Mr. Kim은 현재 교회에 있는 40명의 젊은 리더들 중에서 가장 열정적인 젊은 리더라고 말할 수 있다. 이러한 열정을 자기 자신이 가지고 있는 것뿐만 아니라 남에게 영향력을 미칠 수 있는 것이 Mr. Kim을 인상 깊게 만드는 이유라고 할 수 있다.